VIDAS

Patricia E. Blumenreich

This book is a work of fiction. Places, events, and situations in this story are purely fictional. Any resemblance to actual persons, living or dead, is coincidental.

ISBN: 1-4107-0239-1 (e-book)
ISBN: 1-4107-0240-5 (Paperback)

Library of Congress Control Number: 2002096434

This book is printed on acid free paper.

Printed in the United States of America
Bloomington, IN

1stBooks – rev. 02/07/03

A HANNAH, ARNINA Y ARYEH

INDICE

LA MUJER QUE HUYÓ EN PRIMAVERA

En la primavera de mi décimo año fui testigo de los hechos que rodearon a la desaparición de una mujer que según dicen abandonó a su familia y huyó sin que nunca más nadie supiera de ella. Escuché por varios días los comentarios y opiniones de aquellos que se consideraban o decían amigos o conocidos de la familia en desgracia, quienes contribuían a la discusión manteniéndola así vibrante y estimulante para los oyentes. Fragmentos de esas conversaciones escuchadas a hurtadillas y versiones sumamente cuestionables de los hechos definieron mi percepción de los sucesos, los que pasaron a ser parte de los múltiples recuerdos de la infancia que habitualmente se dan por perdidos o que desaparecen en lugares recónditos del inconsciente. Ese recuerdo sin embargo, retornó a mi memoria en forma inesperada e indeseada, primero haciendo tímidas incursiones en mis sueños, después aterrorizándome con su presencia constante. Mi necesidad de encontrarle sentido a un pasado que no me pertenecía para así entender un presente que no entendía y sobre el que no tenía control, me obligaron a revivir esta historia tantos años después, cuando ya nadie hablaba de esa familia ni de Laura, la protagonista del escándalo. Necesitaba saber qué había ocurrido en aquella primavera para así entender y eventualmente aceptar mi propia vida. Y es así como esta historia se transformó en la historia de dos mujeres, Laura y yo y de mi alianza con los recuerdos.

El escándalo

El día en cuestión fue un viernes soleado y algo ventoso a principios de setiembre, el último día de clase antes del comienzo de las vacaciones de primavera. Recuerdo haber sentido ese entusiasmo característico de los que saben que tendrán toda una semana libre, sin deberes ni obligaciones. En lugar de encontrar las casas del barrio con sus puertas cerradas, las amas de casa esperando a sus hijos en el living, las mucamas preparando las meriendas, el barrio parecía haber sufrido una inundación por un gentío que incluía a los vecinos de la cuadra, algunos de la calle de enfrente, e incluso otros que no reconocí como habitantes del lugar. Para mí, niña de edad escolar, el mundo incluía la cuadra en la que vivía y una o dos manzanas a su alrededor. Todo lo demás era distante y desconocido. Entre la multitud pude distinguir no solamente a las madres de mis compañeros de escuela, sino también a muchos padres que a esa hora del día estaban normalmente trabajando. Todos conversaban al unísono, creando una trama de palabras en paralelo con oraciones sin principio ni fin donde nadie parecía escuchar. Los rostros denotaban un estado de preocupación, nadie reía, y algunas mujeres trataban en vano de secarse las lágrimas con diminutos pañuelos bordados que empapaban apenas los acercaban a su piel. Junto con una de mis amigas, me acerqué tímidamente a la muchedumbre con cautela. No vi ni a la policía ni a los bomberos. Tampoco oí la sirena ominosa de la ambulancia, por lo que deduje que no había habido ni un incendio ni un herido y nadie parecía haber sido robado. Distinguí la figura de mi madre entre varias vecinas y me acerqué a ella con una mezcla de curiosidad y temor. Luego de un breve beso sobre mi pelo entreverado, mi madre me mandó a nuestra casa a comer la merienda. Evité entrar y me escabullí entre piernas para indagar cuál era el problema que había causado tal conmoción en el barrio. Traté de prestar atención sin ser vista ya que se suponía que estaba comiendo los bizcochos en la cocina. No duré mucho entre los adultos, mi madre me encontró rápidamente y esta vez me agarró de la mano y llevó hasta el portón asegurándose de que no me iba a escapar. Resignada fui a la cocina donde Lupe, la mucama que trabajaba para mi familia desde antes de que yo naciera, me había preparado la leche que me resultaba simplemente repugnante. Ese día en lugar de quejarme y salir corriendo a mi dormitorio, me senté a la mesa con el objetivo de averiguar qué estaba pasando en el barrio.

Mientras maquinaba cómo empezar la conversación en forma disimulada, Lupe dijo, "¿Te das cuenta Silvia lo que hizo esta mujer?"

Yo no sólo no sabía lo que había hecho ninguna mujer sino que no sabía de quién me estaba hablando. Lupe tenía una gran habilidad de preguntar y contestarse a sí misma, lo que me ahorraba la necesidad de pensar, simplemente me limitaba a escuchar y si esperaba lo suficiente obtenía toda la información que quería sin haber dicho una palabra. Y esta vez no fue diferente a tantas otras.

"¿Te acordás de Laura, esa mujer tan elegante que hizo el beneficio para los enfermos de la Colonia?" En realidad yo no me acordaba y no tenía idea de quién me estaba hablando, pero decidí esperar.

"La mujer del abogado Esteban. Mirá lo que hizo esta sinvergüenza." Yo tomaba un sorbo tras otro de esa leche tibia con gusto a café que me asqueaba, pero ese día era el precio que debía pagar para enterarme de lo que mis padres no me hubieran dicho e iba a tomar toda la taza si era necesario.

"Me dijo Esperanza, ¿sabés quién es Esperanza, no? que escuchó a la patrona, doña Isabel, llamar al marido en medio de la tarde y le dijo que doña Maruja, la patrona de Anuncia, le dijo que la mujer del abogado lo dejó plantado con los dos chiquilines y se las tomó."

Levanté la vista de la taza a medio tomar y la miré en forma inquisitiva para darle coraje a seguir hablando. Mi táctica no falló. Todavía no tenía muy claro de qué se trataba todo este asunto y por qué había causado tanto alboroto en el barrio, pero ya tenía una idea del problema. En mi mente simplista de niña sin mayores problemas que hacer deberes y jugar con mis amigas, el hecho de que una mujer se hubiera ido y dejado al marido parecía ser algo de telenovela.

"Según me contó Esperanza, cuando el abogado volvió a la casa anoche los nenes estaban dormidos y la comida sobre la mesa. Sabés que Jacinta siempre les preparó comidas a toda hora y para montones de gente. Yo le pregunté a Jacinta una vez si le pagaban tanto como para quedarse con ellos, porque en ese entonces doña Julia estaba buscando empleada con cama, pero…ah! me fui del tema. ¿En qué estaba? Ah sí, el abogado. El fulano llegó a la casa, comió y se fue a trabajar en el escritorio y según dice Jacinta fue recién cerca de medianoche cuando entró al dormitorio que se dio cuenta de que la mujer no estaba. Ahí fue cuando se metió sin golpear en el cuarto de Jacinta. ¿Te imaginás la pobre el susto que se pegó cuando el abogado con la pinta que tiene se apareció en la pieza de ella? La pobrecita nunca tuvo mucho éxito con los hombres, sabrás. Pero eso no tenés por qué saberlo, no es cosa de niñas. Con esa voz profunda y tan varonil que tiene le preguntó dónde estaba la mujer. Como si ella supiera. Bastante tiene que hacer entre limpiar esa casa, atender a los chicos, preparar todo para las fiestas que se pasan dando…¿Ahora espera que sepa dónde está la mujer a toda hora? Parece que Jacinta lo miró con ojos medios dormidos y no le contestó mucho porque él salió de la pieza, dio un portazo y entró a llamar gente por teléfono. Después del susto que la pobre se dio cuando él entró a la pieza, no pudo dormir más, así que no tuvo más remedio que escuchar lo que decía al teléfono."

Esto se estaba empezando a poner interesante al punto que estaba por terminar mi leche. Sólo deseaba que mi madre no entrara ahora que el tema parecía estar tomando forma.

"Jacinta le contó a Esperanza que primero llamó a los suegros. Te imaginarás qué desesperado que estaba si los llamó a ellos primero con las agarradas por cuestiones políticas que tuvieron el año pasado. Al parecer ellos no sabían dónde andaba la hija y Jacinta oyó que la conversación se estaba poniendo agitada porque el Doctor cortó, pegó bruto golpe con el teléfono y dijo algunas palabrotas que no voy a repetirte a vos que sos una chiquilina y no tenés que repetir estas cosas. Y no le cuentes a tu madre lo que te estoy contando." De eso podía estar segura.

"¿Querés más leche nena? Qué bien que estás comiendo hoy, deben ser los aires de la primavera."

Con el interés que esa historia me había despertado era capaz de tomar otra taza de leche, estaba tan ensimismada que hasta me olvidé del gusto de ese horrible líquido amarronado.

"Sí Lupe, la leche está buenísima hoy, haceme otra taza. Entonces, ¿ a quién llamó el abogado después de hablar con los suegros?" Lupe preparaba mi segunda taza de leche mientras seguía su historia tipo teleteatro y que obviamente le fascinaba.

"Te imaginarás el estado del abogado, entre que no encontró a la mujer en la cama y la pelea con los suegros...le gritó a la Jacinta para que le traiga la libreta con los números de teléfono de las amigas de doña Laura. La señora tenía una libretita escondida en la cómoda entre la ropa interior. No te vayas a pensar que Jacinta es una de esas que se mete en los cajones de la patrona, pero una vuelta, por pura casualidad, vio que doña Laura había guardado una libreta ahí después de hablar con alguien, y no me preguntes con quién porque tanto no sé. Además sabés muy bien que no soy chusma como otras."

Eso estaba apareciendo cada vez más claro, pero yo no la iba a contradecir. Esto era indudablemente mejor que practicar mi lección de piano o mirar tele. Lupe, flaca y alta, con los pelos siempre entreverados como si recién se hubiera levantado y de montones de colores que ella llamaba "color miel, como la muchacha del reclame", se paseaba por la cocina calentando la leche y una vez servida en mi taza favorita azul se sentó a la mesa conmigo cómodamente y prosiguió su relato.

"El abogado entró a llamar a cuanta persona aparecía nombrada en la libreta y calculo yo que

6

despertó a media ciudad en cuestión de una hora. Me dijo Esperanza que la Jacinta, pobrecita, tenía miedo que al hombre le diera un ataque y la mate a ella, como en las películas, así que no tuvo más remedio que pararse detrás de la puerta del escritorio a escuchar a quién llamaba y lo que decía. Y nadie parecía saber dónde se había metido doña Laura. Vos te pensarás que alguien de la educación del abogado llamaría primero a la policía, pero, Jacinta le dijo a Anuncia que el hombre tiene los ojos puestos en el Ministerio y no quería hacer escándalo. Mirá por la ventana y mirá qué bien le salió" dijo con un tono de ironía.

"Silvia, nena, ¿dónde estás?" La voz de mi madre interrumpió el hilo de la conversación, o mejor dicho, monólogo, y con la habilidad de los que todavía no tienen gran sentido de culpa por decir una pequeña mentira, le informé que estaba terminando mis deberes mientras Lupe me servía la merienda. Lupe rápidamente adquirió la postura respetuosa que siempre mostraba frente a mis padres o visitantes, e hizo desaparecer la expresión golosa del que se deleita contando un chisme del que cree tener primicia. "¡Qué día de locos!" No puedo decir con seguridad a quién le dirigió la palabra mi madre al pronunciar esa exclamación, pero intuí que se hablaba a sí misma. Por las dudas no dije nada, cosa de que no sospechara de la extensión de mis conocimientos.

"Terminá tu leche Silvia que tengo que usar el teléfono." Para mi no tenía ningún sentido lo que acababa de decir mí madre, ella podía llamar a quien quisiera mientras yo estaba sentada en la cocina, pero no me cabía duda de lo que estaba pasando: mamá no quería que yo escuchara la conversación telefónica. En actitud de niña obediente terminé mi leche y pretendí ir a mi cuarto, pero en realidad, me mantuve cerca de la cocina para enterarme del resto de la historia de la señora Laura. Seguía sin recordar muy bien quién era esa mujer, vagamente tenía la imagen de una mujer muy linda y joven, mucho más linda que las amigas de mi madre que parecían todas viejas, con el pelo rubio o, como diría Lupe "color miel" y con grandes ojos verdes como los de mi gato Maqui que murió atropellado por un auto. No se la veía por el barrio tan a menudo como a las otras mujeres y como los hijos eran más chicos que yo, nunca había jugado con ellos.

"Buenas tardes Martha, habla la señora Zulema. ¿Me comunica con mi marido ¿por favor?" Mi madre llamando a mi padre a la oficina en mitad de la tarde… eso significaba algo importante, ella rara vez lo hacía porque papá había dado órdenes claras de no ser molestado a no ser que fuera algo muy urgente. Mamá hablaba tan bajito que apenas podía escuchar. "Te enteraste, ¿no? No la pueden encontrar por ningún lado. Esteban no tuvo otra alternativa que llamar a la policía y el comisario le dijo que perdieron horas preciosas en poder buscarla porque él demoró tanto en hacer la denuncia. Nadie se imagina qué pudo haber pasado. Yo no voy a divulgar mi teoría, pero yo creo que es algo político, ¿no te parece?"

Ahí pensé que mi padre, hombre no muy interesado en cuestiones del barrio, estaba por terminar la conversación, porque mamá como disculpándose le pidió ayuda en encontrar a la desaparecida. Casi que le imploró, "Hacelo por los niños pobrecitos, quedarse sin madre tan jóvenes. ¿Acaso no podés llamar a Francisco y pedirle que indague en el asunto? Él te debe muchos favores, ¿lo harás verdad?" Mi madre pareció recuperar la calma al escuchar la respuesta de mi padre, "¿Así que Esteban ya te había pedido esto y vos accediste? Me parece muy bien." A mi madre siempre le parecía bien cuando se hacía lo que ella había sugerido. "Esa gente necesita ayuda y Esteban no olvidará que hiciste algo por él. Después hablamos." Eso indicó el final de la conversación y la necesidad de que yo desapareciera rápidamente.

Al día siguiente empezaron las vacaciones de primavera, lo que trajo consigo paseos con amigas, juegos en el fondo, visitas al zoológico y una al cine. Aunque estaba en casa más de lo habitual no tenía muchas posibilidades de seguir indagando acerca de "la desaparecida" porque mamá estaba siempre cerca y cada vez que hablaba con mi padre o por teléfono me mandaba a jugar. Yo me las trataba de ingeniar para escuchar esas conversaciones entrecortadas y me seguía enterando de algunos detalles aunque no tanto como para satisfacer mi curiosidad. Lupe, mi fuente de información sin censura, o por lo menos yo creía eso, se mantenía algo alejada de mí y no me hablaba más de lo estrictamente necesario, que entre nosotras se limitaba a si quería más comida y si iba a estar en el fondo mientras ella limpiaba mi cuarto. Deduje que ese aislamiento surgió a consecuencia de la admonición que le dieron mis padres con respecto a hablar conmigo de cosas que una "niña de buena familia no tiene por qué enterarse", habiendo sido esas las palabras que mi madre usó. Pero, tal como me lo propuse, seguí espiando a los adultos cada vez que se presentaba una oportunidad. Pienso que en ese entonces mi persistencia se debía más a mi propósito de desafiar las órdenes de mis padres que a una verdadera necesidad de entender una serie de hechos inexplicables.

Cuando venían las vecinas a tomar el té con mamá, yo me quedaba en un rincón del comedor y pretendía leer un libro, tratando de recordar de pasar las páginas de tanto en tanto para disminuir las chances de ser descubierta espiando. La conversación no parecía llegar a ninguna conclusión satisfactoria y a veces me resultaba tan aburrida que por mi propia voluntad me iba a jugar a mi cuarto o al fondo. Doña Isabel y doña Maruja platicaban con mi madre mientras comían scone tras scone y tomaban su té. Nadie parecía saber dónde estaba doña Laura ni por qué había desaparecido.

"Imagínese Zulema," decía doña Isabel a mi madre mientras masticaba con gusto, "ni la policía puede solucionar este misterio." Esa conclusión le daba un aire de finalidad a todo el drama y abría las puertas a otros temas de conversación más productivos y jugosos. Yo por mi parte, estaba empezando a perder interés en el asunto. Solamente cuando la policía vino a interrogar a mis padres y a Lupe acerca de "la desaparecida" hubo un destello de emoción en el ambiente. Pero, como nadie poseía información que la policía ya no tuviera, el oficial se fue después de unos pocos minutos y una taza de café.

Cuando terminó la semana de vacaciones, todo estaba en aparente calma y nada parecía haber pasado en ese barrio siempre monótono y calmo. La única diferencia, de la cual los adultos parecían haberse olvidado después de varias charlas de sala, es que por razones que nadie podía comprender, una mujer joven, casada y madre de dos hijos pequeños, había desaparecido sin dejar huellas.

Interin

Volví a la escuela y terminé el año escolar sin destacarme demasiado, una alumna ni buena ni mala, de esas que la maestra olvida haber tenido en su aula un día después de haber finalizado las clases. Y de esa misma manera fueron pasando los años en mi casa y mi vida. De Laura nunca más se volvió a hablar, o, yo nunca volví a escuchar. El marido, el abogado Esteban, se mudó con los dos niños, Micaela y Xavier, al poco tiempo de haber desaparecido la madre, nadie sabía a dónde. Y la casa se vendió a una familia con un nombre imposible de pronunciar, con niños que hablaban un lenguaje que ninguno de nosotros podía entender. Decían en el barrio, que todos los que habían visitado la casa con intención de comprar, se arrepentían a último momento por temor a que estuviera embrujada y les trajera tanta mala suerte como le trajo a la familia del abogado. Eso redujo seriamente la fuente de candidatos, a tal punto que el agente de inmobiliaria debió recurrir a gente sin ese tipo de superstición, futuros empleados de la embajada de algún país que nadie sabía encontrar en el mapa.

La primaria terminó con algunas amigas nuevas, un nuevo corte de pelo y el entusiasmo de pasar a ser una liceal al final del verano. Me sentía diferente sin saber cómo. Poco tiempo después aprendí que todo iba a empezar a cambiar. Tal como era inevitable, el primer amor trajo consigo la primera desilusión y la tristeza profunda que sólo se siente y supera en la adolescencia. Esos fueron años que quedaron grabados en mi memoria como parches de distintos colores, algunos opacos y casi incoloros, perdidos en el brillo y resplandor de otros tan intensos que eran capaces de darle el tono a toda esa trama de recuerdos y experiencias que pasó a ser mi adolescencia y mi vida adulta.

En la facultad conocí al hombre que sería eventualmente mi marido y el padre de mi hijo, un hombre al que amé y odié, muchas veces al mismo tiempo y sin saber cómo podía sentir dos emociones tan opuestos hacia la misma persona. Esos años transcurrieron lentamente y velozmente, con alegrías y penas, con esperanzas y temores. Mi romance con Joaquín empezó como tantos otros en similares circunstancias: sentados en un anfiteatro, tomando apuntes sobre un tema que pensamos no nos provee nada de interés, uno mira hacia la izquierda, el otro al mismo instante hacia la derecha y las miradas se trancan, haciéndonos creer en ese instante que ese es nuestro destino y que eso es el amor que perdurará para siempre. ¿Quién esperó por quién aquel día? Ya no tiene importancia. Empezamos a salir juntos, un café, una película, un abrazo, un beso y pocos meses después la decisión de casarnos a pesar de la oposición de mis padres, "son muy jóvenes", "de qué van a vivir", "apenas se conocen", "es un error". Mis futuros suegros parecían no tener tantas opiniones al respecto y simplemente aceptaron nuestra decisión lo que hizo que las visitas a su casa crearan menos tensión que las incursiones en la de mis padres.

Nuestro casamiento en el Registro Civil fue presenciado por un par de amigos, mis padres y suegros y la luna de miel se limitó a un fin de semana en un balneario cercano, regalo de mis padrinos. Nuestro amor, o lo que en ese entonces pensábamos era amor, consistía en pasar las noches acurrucados después de amarnos lentamente, estudiar y preparar exámenes juntos, tomar café con amigos mientras discutíamos política y creíamos poseer la clave a la solución de las injusticias y calamidades del mundo. Creía ser la poseedora de una felicidad total, parte de un mundo ideal que yo misma había creado. Estaba tan convencida de la veracidad de mis percepciones, que me limitaba a ver sólo aquello que era capaz de tolerar y aceptar, incluso cuando los hechos me empezaran a demostrar que estaba equivocada y la realidad no era tan perfecta como yo pretendía que era. Después de seis meses de casados, Joaquín no se había presentado a ningún examen y a veces iba a trabajar con su padre, lo que hacía que yo tuviera que pedir plata a los míos para poder pagar el alquiler y los gastos de almacén.

Con trepidación le preguntaba, "¿ Joaquín, cuándo te vas a presentar?" "¿Joaquín, no vas a trabajar hoy?" Me sentía profundamente enamorada y para mí todo lo que hiciera o no hiciera mi marido tenía una explicación lógica.

"Haré todo lo que tengo que hacer cuando me sienta preparado, no me embromes." Y ese era el final de la conversación.

Cuando visitaba a mis padres, o ellos venían a nuestro apartamento, tenía que soportar sus recriminaciones y las lágrimas de mi madre que al ver mi situación de modestia económica y cansancio físico, recibía confirmación de las predicciones que había hecho acerca de mi elección de pareja. Intentaba convencer a todos, incluída yo misma, de que esto era una situación temporaria y tiempos mejores nos esperaban.

Y hubo tiempos mejores, pero también otros mucho peores. Joaquín dio y salvó exámenes, yo seguí adelante, estudiando de noche, dando clases particulares durante el día, haciendo suplencias en liceos y eventualmente me recibí de escribana. Joaquín trabajaba con su padre en forma irregular, pero mi suegro, que tenía una debilidad especial por su hijo mayor, le pagaba su sueldo aunque él no siempre estuviera en el negocio. Joaquín y yo no nos veíamos durante el día y yo suponía que si mi marido no estaba trabajando era porque tenía otras cosas más importantes y dignas de su inteligencia para hacer. Cuando estábamos juntos, casi siempre de noche tarde, conversábamos, intercambiábamos historias, cuentos, hablábamos del futuro y por un rato parecíamos volver a tener tanto en común como creímos tener cuando nos conocimos, hacía ya cuatro años.

Durante nuestro quinto año de casados, nació Juan. La llegada inesperada de un bebé trajo grandes alegrías, junto con las inevitables noches sin dormir, los pañales acumulados, y los llantos que parecían no tener fin. Mi madre y mi suegra se asignaron responsabilidades y tareas para facilitar mi rol de madre y profesional. Lupe, siempre presente cuando se necesitaba ayuda en la familia, parecía pasar más tiempo en mi casa que en la de mis padres. Joaquín oscilaba entre fascinación con el niño, al que le cantaba y hacía morisquetas y aparente frustración por tener que aceptar responsabilidades que hasta ahora no había asumido en forma regular.

No sé cómo pasó, pero un día me di cuenta de que nos hablábamos cada vez menos. Ya no teníamos qué decirnos, habíamos empezado a perder la capacidad de compartir. Nuestras conversaciones giraban alrededor de Juan y problemas financieros. Ya nada quedaba de aquellas charlas, risas y sueños que nos habían unido y convencido de que sólo al transformarnos en una pareja íbamos a alcanzar nuestra totalidad en lugar de continuar existiendo como lo que creíamos ser, seres incompletos. No pensaba en mi felicidad, ciertamente no me sentaba a pensar si era feliz o no, no tenía tiempo. A veces intentaba revivir aquello que pensé me había traído felicidad, y cuando Juan dormía y Joaquín volvía de estudiar con sus amigos entrada la madrugada, lo esperaba despierta, los párpados semicerrados por el agotamiento de un día largo y lleno de obligaciones y acariciando aquel cuerpo que tanto había amado le preguntaba, "¿ Joaquín, qué nos está pasando, por qué ya no hablamos?"

Joaquín, suavemente, con esa voz que una vez me había dado escalofríos, alejaba mi mano de su cuerpo y respondía como resignado, "¿Por qué mejor no dormimos?, es tarde y mañana tengo que estar en el negocio temprano, el viejo me pidió que abra." Si yo insistía en obtener una respuesta a esa pregunta incontestable, sólo lograba oír su silencio o a veces enojado y frustrado ante mi insistencia me decía, "No hay ningún problema, no sé de qué me estás hablando." Y fue así como yo me convencí de que mi inseguridad y las dudas acerca de mí misma y mi capacidad de ser feliz en el matrimonio eran responsables de mi tristeza y ansiedades.

Ocurrió durante una noche como tantas otras en esos tiempos, en la que me dormí con lágrimas en mis ojos, la espalda hacia Joaquín y abrazada a mí misma, que me desperté sobresaltada con la imagen de una mujer rubia que corría sin dirección. Me senté de golpe, mi corazón latiendo rápidamente, mi piel sudorosa a pesar del frío de la habitación y forcé a mis ojos a enfocar en los objetos familiares del dormitorio para darme tranquilidad y hacerme sentir segura y a salvo. ¿Quién era esa mujer?. Estaba tan asustada que intenté calmarme antes de apoyar otra vez mi cabeza en la almohada. Tenía miedo de que esa imagen reapareciera en mi sueño, había sido tan inquietante que no quería arriesgarme a que el sueño continuara por no haber logrado una interrupción satisfactoria. Tras varios minutos de vigilia forzada, mi corazón volvió a latir en forma imperceptible, me calmé al tomar conciencia de la veracidad de los objetos que me rodeaban y Joaquín dormido a mi lado y logré conciliar el sueño nuevamente. A la mañana siguiente había olvidado el incidente tan perturbador de la noche anterior y emprendí la rutina matinal en forma habitual.

Pocos días después tuve que viajar al interior para presenciar unos trámites entre varios comercios que necesitaban un escribano. Acepté esa tarea con entusiasmo. Joaquín iba a estar ocupado preparando sus últimas materias y mis padres se voluntarizaron a cuidar de Juan durante mi ausencia. No había tenido oportunidad de tener vacaciones en varios años y a pesar de que el corto viaje era por trabajo, me entusiasmé pensando que esa ausencia forzada me brindaría algunas horas para caminar por barrios desconocidos, tomar café en algún bar en el que no conocía a nadie y sobre todo, estar a solas conmigo misma para intentar evaluar en forma objetiva, o lo más objetiva posible, mi matrimonio y mis dudas acerca de nuestro futuro. Muchos besos y abrazos después, dejé a Juan en casa de mis padres y volví a casa a despedirme de Joaquín y recoger mis maletas. Me fui con una sonrisa en los labios albergando la esperanza de tiempos mejores. Joaquín me demostró un cariño e interés que no notaba hacía tiempo e incluso me acompañó a tomar el ómnibus. Durante el viaje logré descansar y relajarme como hacía mucho no lo hacía y tras varias horas en la carretera llegué a destino. Me registré en el único hotel del lugar y caminé por callejuelas angostas y polvorientas hasta el local donde debía encontrar a los colegas la zona. Los trámites fueron completados sin problemas y antes de lo planeado, pero en lugar de gozar de esa tarde soleada de verano, fui notificada que debía salir de inmediato a completar unos trámites en otra ciudad a varias horas de donde me encontraba dado que el colega responsable por ese trabajo se tuvo que quedar en la capital por algún problema de índole familiar del que no recibí detalles. A desgano recogí mis valijas, sin haber tenido la oportunidad de haber paseado o comprado un regalo para Juan y tomé el ómnibus otra vez. No recibí el cambio de planes con ningún entusiasmo, pero, traté de combatir mi frustración convenciéndome de que podría visitar otra ciudad y tal vez allí tendría el tiempo libre con el que había soñado. Llegué a la mañana siguiente, cansada por haber dormido semi sentada y ansiosa sin saber por qué. Por segunda vez en el correr de veinticuatro horas me registré en un hotel y luego de ducharme rápidamente para estar medianamente presentable me dirigí a la oficina donde mi asociado debería haber estado. Surgieron algunos desacuerdos imprevistos por lo que el proceso fue pospuesto por lo menos por un día. Llamé a mis padres que estuvieron encantados de seguir cuidando de Juan, quien no pareció haber sido perturbado por la extensión inesperada de mi ausencia. A pesar de haber llamado a casa innumerables veces en el correr de esa tarde y noche, Joaquín no contestó. Pero decidí no preocuparme demasiado y supuse que estaba en casa de alguno de sus compañeros estudiando y dando los toques finales a los exámenes que rendiría en pocas semanas.

Al otro día las partes involucradas en la transacción lograron llegar a un acuerdo lo que al fin me dio la posibilidad de tener varias horas libres antes de emprender mi regreso. Caminé lentamente por la orilla del río tratando de saborear cada minuto, de disfrutar cada sonido, cada canto de pájaro y la brisa tibia sobre mi piel. Me senté sobre unas piedras, me descalcé y dejé que el agua acariciara mi piel. Contemplé el horizonte y me sentí en paz. Era feliz. Joaquín tenía razón cuando me decía que yo había construido fantasmas de dudas y temores que plagaban mi mente y no me permitían gozar de la vida que habíamos creado. Era una pesimista que debía aprender a no dejarme abrumar por temores infundados.

Unos bocinazos me distrajeron y obligaron a mirar hacia la calle a la que hasta ahora había estado de espaldas. Me sonreí al ver un grupo de adolescentes gritando desde sus autos, riendo y piropeando a las muchachas que les coqueteaban desde el café. Qué lindo grupo de gente, me dije, jóvenes y llenos de esperanzas. Sin querer miré en dirección a las mesas que estaban dentro del café y que se divisaban a través de una ventana con cortinitas blancas entreabiertas. Miré y vi. Reconocí pero rechacé la evidencia. No pensé pero sentí. Una nausea biliosa llenó mi garganta. El corazón me latió tan fuerte que sentí dolor. Y no me pude mover. La imagen de Joaquín sosteniendo la mano de otra mujer, acariciando su mejilla con la otra mano, sus caras tan cerca que parecían tocarse, eso era lo único que vi. Los jóvenes, el café, los autos y los ruidos, todo desapareció transformado en una nebuloza que enmarcaba la imagen de mi marido con su amante.

Como sonámbula me calcé y paré sin sacar mi vista de esa imagen que me estaba matando. Con piernas temblorosas y sudor corriéndome por el cuerpo, intenté dar unos pasos y alejarme del lugar. Miré por última vez a esa pareja enamorada y ajena a lo que ocurría a su alrededor y emprendí mi retorno.

Todo lo que hice desde que me alejé del lugar y me senté en el ómnibus es parte de una neblina que sólo puedo imaginar pero no recordar. Supongo que caminé hasta el hotel, empaqueté mi bolso, pagué y me fui, pero, no estaría sorprendida si alguien me busca por no haber pagado y simplemente dejado el albergue sin pensar en lo que debía hacer. Recién cuando apoyé mi cabeza sobre la almohadilla del respaldo y volví a contemplar la imagen de Joaquín ensimismado con otra mujer, me di la libertad de llorar. Temí que nunca iba a parar, que mis ojos nunca se iban a secar. Cubrí mi cara con un pañuelo, avergonzada de no poder controlar los sollozos y lágrimas, expresiones de mi intenso dolor. Había perdido la capacidad de pensar, sólo podía sentir. El sufrimiento había obliterado mi raciocinio. Agotada de llorar y sin proponérmelo me dormí, pero fui despertada bruscamente por una pesadilla extremadamente inquietante: la mujer rubia corría otra vez, lloraba y se escabullía entre una muchedumbre que la miraba con sorna. Las caras de mis padres, vecinos y amigos se mezclaban y entreveraban, musitando en forma ininteligible.

Llegué a la estación entrada la madrugada, nadie me esperaba. Tomé un taxi en dirección a casa, con la intención de lavar mi cara enrojecida por el llanto y acostarme. En algún momento debía pensar en cómo confrontar a Joaquín pero no sabía cómo ni cuándo y mi agotamiento era tal que no podía tan siquiera hacer planes aunque vagos. Distinguí nuestro auto estacionado frente a la puerta del edificio lo cual me sorprendió. Por un instante me sentí despierta y alerta y tuve la esperanza de haberme equivocado. Entré al apartamento y reconocí la fragancia familiar de la colonia de Joaquín. Lo encontré profundamente dormido, entreverado entre las sábanas, respirando suavemente. Me senté a su lado y le acaricié su cabeza, su cara. Su barba semi crecida cosquilleó la palma de mi mano y le toqué la frente con mis labios. Mi dulce amor, pensé, cómo me atreví a dudarte, cómo pude creer que ibas a engañarme y amar a otra mujer. Sonreí para mis adentros y una gran sensación de alivio recorrió mi cuerpo como una oleada de tranquilidad. Todo había sido una cruel equivocación, una broma de mis miedos e inseguridades, un truco de mi vista cansada por no haber dormido bien, por no haber estado lo suficientemente alerta tras el cansancio del viaje y el estrés de una asignación inesperada. En la mañana me iba a disculpar por haberte dudado, me dije. Mejor aún, no diré nada a nadie, el episodio será olvidado como otra pesadilla que no merece ser recordada.

A la mañana siguiente miré a Joaquín por encima del borde de la taza de café, vi su mirada distraída, escuché sus preguntas que parecían interesarse en mi viaje pero que deduje no eran sinceras y me pregunté nuevamente si lo que había visto el día anterior no era cierto y mi convicción de anoche una mentira piadosa creada por mi miedo a aceptar una realidad a la que eventualmente debería responder. Tras varios minutos de silencio, cuando pensé que el ritual del desayuno había terminado y cada uno se dirigiría a su trabajo, fui sorprendida por un comentario que me dejó sin palabras, "No sé si te diste cuenta de lo fría e indiferente que sos con Juan, si no fuera por mí o los abuelos ese niño no recibiría ni un poco de amor, linda madre sos."

Joaquín se levantó de la mesa y salió de la cocina y el apartamento sin que yo hubiera tenido tiempo de pensar una respuesta digna de tal comentario. ¿Acaso yo no quería a mi hijo? ¿Cómo podía pensar semejante cosa? ¿Es posible que estaba tan ensimismada en mis preocupaciones acerca del matrimonio que había comenzado a ignorar mis obligaciones de madre? ¿Cuáles eran mis obligaciones? Yo quería a mi hijo, claro que lo quería. ¿Cómo se atrevía él a acusarme de indiferencia? Como paralizada por su crítica totalmente inesperada y las preguntas que me empecé a hacer, me quedé sentada a la mesa, taza de café en la mano, boquiabierta, la mirada fija en el horno, sin poder moverme. El timbre me sacó de mi reverie.

"Decidimos traer a Juan porque pensamos que vos te habías olvidado de venir a buscarlo. ¿Te sentís bien? Porque se te ve pálida y ojerosa." La presencia de mi madre, sosteniendo a Juan de la mano y dándome otro choque de crítica y culpa no era lo que yo precisaba en ese momento. "Vamos Juancito, dale un abrazo a tu madre." Mi padre no ayudó tampoco haciéndome creer que sin su estímulo mi hijo no se me iba a acercar.

"Hola mi amor, dale un beso a mamá." Tomé a Juan en mis brazos y por unos segundos me sentí mejor.

"Le pedí a Lupe que venga a ayudarte con la casa por unos días, vos nunca estás y ahora que Joaquín se está por recibir y abrir su oficina van a tener que hacer sociabilidad y la casa no puede estar en desorden."

¿Por qué tenía que tener la ayuda de la empleada de mi madre cuando no la había pedido? Es cierto que Lupe era para mí una compañía casi siempre bienvenida, pero no pude evitar sentir que mis padres se estaban entrometiendo en mi vida y mi casa. Al mismo tiempo no tuve la fuerza necesaria para rechazar lo que ya era un hecho en lugar de un ofrecimiento o sugerencia. Sin esperar que los invitara a pasar y sentarse ya estaban preparándose café y ordenando la ropa de Juan en su cuarto. Lupe llegó varios días después, baúl a cuestas por lo que deduje que su presencia iba a ser más larga de lo yo había asumido.

Como propagado por un entusiasmo inusual, Joaquín rindió un examen tras otro y en cuestión de semanas se recibió de abogado. Durante ese período se lo veía poco en casa, y cuado estaba, jugaba con Juan o lo llevaba al parque, pero nuestra relación era distante, un simulacro de cordialidad. El día en que se recibió mis suegros hicieron una gran recepción en su casa, invitando gente de influencia que seguramente iban a crearle un núcleo social de utilidad en el avance de su carrera. Yo sin embargo, me mantuve en la periferia de esa charada. No podía forzar la sonrisa que no sentía ni dejar de mirar a las mujeres jóvenes y atractivas que revoloteaban a su alrededor como abejas cerca de la miel, pensando que tal vez alguna de ellas, o quizás varias, eran o habían sido sus amantes.

"Silvita, acercate a la gente, no podés estar tan lejos de tu marido, al fin y al cabo vos sos la mujer del homenajeado." Los consejos de Lupe, trajeron el esbozo de una sonrisa. Sin duda sus intenciones eran buenas.

No sabía cómo lograr revivir la felicidad que tuve, o por lo menos creí tener, una vez. Todo parecía ir de mal en peor. Joaquín y yo trabajábamos tanto que cuando nos veíamos un rato de noche o de mañana temprano intercambiábamos alguna palabra, contacto superficial que no me brindaba ningún consuelo. Mis dudas acerca de la existencia de una o varias amantes me intrigaba y ofendía pero no dolía tanto como me dolió el día que lo vi, o creí verlo con otra. Estaba desarrollando una caparazón de indiferencia que no era saludable. Y ni siquiera Juan, mi hijo, me brindaba la satisfacción que creí otras mujeres obtenían de su rol de madres. Lo peor eran las pesadillas. Cada vez más frecuentes y perturbadoras, la imagen de la mujer rubia que corre, llora, otras veces ríe sin parar, carcajadas violentas y grotescas, peores que su llanto. Traté en vano de recordar si la había visto alguna vez, ¿una compañera de facultad tal vez? ¿de la escuela? ¿un producto de mi imaginación, ser totalmente ficticio? Concluí que esas pesadillas eran motivadas por mis crecientes dudas y conflictos en mi matrimonio, pero eso no ayudaba en mi necesidad de saber qué hacer y cómo superar esa etapa si es que aún era posible hacerlo.

Intenté varias veces hablar con Joaquín al respecto, le planteé incluso la posibilidad de tener terapia de pareja, pero su respuesta me creó más dudas que alivio, "Te estás creando problemas vos misma porque nada te viene bien, andás con cara larga todo el día, caminando como con una nube sobre tu cabeza y no hacés feliz a nadie."

¿Entonces todo era mi culpa? ¿Era cierto de que todo lo malo y negativo que yo veía era de mi propia creación y todo lo que me rodeaba era perfecto? Pero, ¿qué era lo que me tenía tan mal? Si mi matrimonio era estable, si Joaquín no me era infiel, ¿por qué entonces era acusada de andar amargada, ser una madre indiferente, una ama de casa que no puede hacer decisiones, alguien incapaz de dar o recibir felicidad o afecto? ¿Acaso había perdido la capacidad de ver la realidad y sólo lo que otros me decían acerca de lo que a mí me pasaba era cierto?

Al final del verano mis compañeros de oficina decidieron celebrar un "carnaval atrasado" en la casa de balneario de una de las secretarias. Había gran entusiasmo en el ambiente y planes de continuar la fiesta hasta bien entrada la madrugada o de ser posible para los que aguantaran el baile, hasta el amanecer y terminaría en la playa. Joaquín no quiso ir, dijo que tenía demasiado trabajo y que me haría bien irme de casa por unas horas. Una vez más en el correr de pocos meses pensé que iba a tener la oportunidad de refleccionar sobre mi futuro fuera del ámbito familiar.

Cuando llegué a esa casa de tejas rojas, grandes ventanales y pisos de piedra, con tanta luz y sonidos, risas que inundaban el ambiente y gente que parecía ser tan libre y feliz, me entró la necesidad de ser parte de ese grupo y me di permiso de ser impregnada por esa sensación contagiosa de la que todos parecían estar gozando. Descalza corrí a la playa a ver la puesta del sol. Vaso de vino en mano, corrí hacia la orilla y dejé que la espuma de las olas me cubriera hasta las rodillas. Me sentía alegre y reía. No permitiría que mis pensamientos obsesivos y oscuros interrumpieran esos momentos. Con la música a todo volumen, bailábamos y reíamos sin que nadie se atreviera a preguntar cómo hicimos para que todas las penas que teníamos en nosotros desaparecieran ni cómo podríamos hacer para que no volvieran al amanecer cuando debíamos emprender el regreso a la ciudad. Con el vaso de vino en una mano y tocando la punta de los dedos de alguien que estaba delante mío con la otra, giraba junto con la rueda amorfa como un trompo. Apenas sentí una mano que me agarró la cintura y separó del grupo apretando mi cuerpo contra el suyo y rozando mi oído con sus labios murmuró, "Hace mucho que esperaba este momento."

Pocos minutos después me encontré a solas en un dormitorio a puertas cerradas, el griterío del gentío a lo lejos, las caricias y abrazos de uno de mis colegas sobre todo mi cuerpo que no ofrecía la más mínima resistencia. Como poseída por la súbita capacidad de transformarme en varias personas, mi cuerpo respondía a la pasión de un hombre con el que nunca tuve más que una relación cordial y profesional, mientras que mi mente racional trataba de despertarme de ese estado sonámbulo para así escapar del abrazo ilegítimo y pecaminoso y algo en mí me decía, "No tenés nada que perder, nadie se va a enterar." Mientras mi mente seguía sumergida en una calesita de pensamientos contradictorios y mi cuerpo se permitía disfrutar de un placer inesperado, vi amanecer sobre el horizonte. Con un tierno beso de despedida mi colega amante de una noche de final de verano recogió su ropa desparramada sobre el piso de piedra y se alejó cerrando la puerta con cuidado al salir, como para que ni siquiera yo supiera que alguna vez estuvo en esa pieza conmigo.

Lentamente me vestí sin poder comprender exactamente qué había pasado y cómo había terminado en ese cuarto con un hombre que nunca me había resultado particularmente atractivo. La casa estaba vacía con excepción de una pareja arrinconada cerca de la estufa a leña. El resto del grupo estaba desparramado por la arena y caminando por la orilla. Tomé precauciones para no ser vista y me fui al auto con intención de dejar el lugar lo antes posible. No quería ser vista por nadie, temía tener que dar explicaciones aunque seguramente nadie tenía idea de lo que pasó esa noche. Una vez en el auto rumbo a la ciudad, traté de esclarecer en vano los hechos de la noche anterior. No sentía nada. No estaba ni contenta ni triste ni avergonzada. Ni siquiera sentí culpa por haberme acostado con otro hombre. ¿Acaso debería haber dicho "hacer el amor"? ¿Cómo podía llamar a ese acto "amor" cuando yo no tenía ningún sentimiento por ese hombre? ¿Por qué no me defendí, lo rechacé o le dije "Gracias, pero no"?. Sin pensar para nada en el significado de esos hechos, no me sentía culpable ni tenía el más mínimo remordimiento. ¿Acaso mi matrimonio había llegado al estado en que pasar la noche con un extraño no significaba nada?. No parecía ser capaz de sentir.

Mientras reflexionaba sobre estos hechos la imagen de la mujer rubia de mis sueños reapareció obligándome a dirigir mi concentración en una dirección inesperada. Recordé fragmentos de sueños y me esforcé en ubicarla en algún lugar de mi pasado. Como enhebrando eventos fui intentando tratar de identificarla, pero no lograba pasar de la sensación de que la mujer había sido real y parte de la familia o conocida, pero nada más. El ansia de identificarla era tan intensa que me empecé a sentir nauseada y un temblor me recorrió el cuerpo. Y de golpe me acordé. Laura. Ese era su nombre. Laura, la mujer que desapareció aquella primavera cuando yo era una niña y de quien nunca más oí hablar. El recuerdo de esa mujer y el haber podido asociarla con mis sueños me causó aún más ansiedad y temor. ¿Qué sabía yo de ella? ¿Por qué después de tantos años empecé a soñar con alguien que nunca conocí pero de quien oí hablar? ¿Acaso alguien sabía la verdad? Cuando llegué a casa había tomado una decisión, la única que creí me iba a guiar en cuál camino tomar con respecto a mi matrimonio: tenía que averiguar quién había sido Laura y por qué se fue.

La búsqueda

Cuando entré a casa encontré una nota de Joaquín en la que me decía que había ido con Juan a la playa y volverían tarde. Mejor así. Necesitaba tiempo y silencio para hacer los planes necesarios para reconstruir la historia. Pensé que lo más elemental era entrevistar a aquellos que de una u otra forma estuvieron involucrados en su vida o que por lo menos la conocían. Dado que esos hechos ocurrieron hacía menos de veinte años, la mayoría de los que estuvieron presentes estaban aún vivos, lo que facilitaría la búsqueda. Necesitaba encontrar una excusa que me permitiera indagar sobre el tema sin que pareciera personalmente interesada. Me sentí poseída de unas energías y un interés que no sentía hacía mucho. Tenía una meta y una vez alcanzada haría las decisiones necesarias. No parecía ser un problema tan difícil de superar.

La presencia de Lupe me sacó de mi estado de concentración, pero pensé que ella sería una persona ideal para con quien empezar mi indagación. "Decime Lupe, ¿vos te acordás de aquella mujer que desapareció del barrio cuando yo iba a la escuela? ¿Quién era?" No podía ser muy obvia y demostrar de que me acordaba de más detalles de los que pretendía recordar.

Lupe pensó por un momento, torció la cabeza en señal de concentración y me contestó sin parecer dudar, "Por supuesto, la mujer del abogado, la del pelo color miel." Era indudable que esa era la conección a la memoria de Lupe. "¿ Por qué te acordaste de ella ahora?" Tenía que fabricar una mentira rápidamente, no podía contarle acerca de mis desilusiones, dudas y pesadillas.

"Anduve por el viejo barrio hace unos días y me acordé, eso es todo. Era una historia curiosa y pensé que tal vez vos te acordabas de ella." Esa explicación fue satisfactoria para quien se transformó sin saber en mi primera conección a resolver el misterio que a su vez aclararía mi vida y me daría una clara señal de la dirección en la cual encauzar mi futuro. Lamentablemente Lupe no recordaba mucho más de lo que yo ya sabía y que había aprendido de ella aquel día al principio de las vacaciones de primavera cuando se supo que Laura había desaparecido. "Sí, sí," mentí, "eso es interesante, no recordaba nada."

"Claro," me respondió, "¿Cómo te podrías acordar de eso si tus padres no te dejaban estar cerca de nadie que hablara del asunto?" Convenientemente, Lupe se había olvidado que ella había sido la que me dio toda la información que tenían los vecinos y más también.

"Pero decime," insistí, "¿Cómo era Laura, qué tipo de persona era?"

"Ah, yo eso no sé, además no veo qué diferencia puede hacer después de tantos años. Y ¿qué importa cómo era si dejó plantado al abogado con lo pintún que era y a los dos hijos? ¡Linda mujer esa! Sólo una mujer muy loca puede irse así." Lupe parecía estar convencida de su teoría acerca de la inocencia del abogado y la culpa o locura de Laura.

"¿Decime a dónde iba a encontrar otro hombre con tan buen futuro?," ahora Lupe había arrancado por cuenta propia, "¡y con esos nenes tan lindos y educados!"

"¿Cómo eran los nenes?" decidí preguntar.

"Ah, no sé, yo nunca los vi, pero eso decía todo el mundo."

"¿Quién decía eso?" intenté saber.

"Y, todos, ¡qué importa!," contestó con fastidio.

Obviamente esa ruta no era la correcta para obtener información. "Algo me acuerdo de todo ese asunto, pero me entró la curiosidad de saber cómo era la mujer" insistí.

"Muy callada parece, no le confiaba a nadie. Eso decía Jacinta cuando hablaba de los patrones. A veces nos encontrábamos de pura casualidad cuando íbamos a la feria y me contaba de ellos mientras elegíamos la verdura. Mirá que tenía verdura podrida ese tipo, había que buscar las buenas con un cuidado que ni te cuento."

No tomé en cuenta su divague y esperé más información. "¿Por qué mejor no te vas a cambiar y yo preparo algo para comer?"

"No, me gusta conversar contigo, tengo tiempo." Me sentí culpable tratando de manipular a Lupe, pero era por una causa justa.

"Sí, eso decía Jacinta, 'tan linda y siempre calladita', aunque te diré, cuando hacían las fiestas era otra persona, parece que se ponía de lo más sociable y agazajaba a cuanto político se apareciera por la casa."

"Decime, ¿dónde está Jacinta ahora?" Tal vez podría obtener más información hablando con la mujer que trabajó para Laura.

"Vaya uno a saber, nunca más supe de ella. Esperanza me dijo hace años que al fin encontró marido y se mudó al interior."

Parecía haber llegado al final de la conversación con Lupe. Quizás en otro momento se acordara de más detalles, pero no parecía tener la información que yo necesitaba y mi súbita esperanza de hablar con Jacinta fue instantáneamente truncada. Podría intentar buscarla en el interior, pero para eso iba a necesitar ayuda profesional y aunque recibiera garantías de la confidencialidad de tal procedimiento, no estaba lista a contratar un detective. Trataría de obtener la información por mis propios medios y a través de aquellos que fueran fáciles de localizar.

"¿Hay alguien en casa?" La voz de Joaquín interrumpió nuestra conversación. Abracé a Juan y momentáneamente me sentí contenta de estar en casa.

Joaquín no demostró demasiado interés en mi actividad del día anterior, lo que facilitó la conversación. Curiosamente no me sentí culpable de haber pasado la noche con otro hombre. Me había distanciado emocionalmente de Joaquín y no sentí remordimiento alguno, lo miré y casi no lo reconocí. ¿Quién era ese hombre con el que había vivido por casi ocho años? ¿Me engañaba o no me engañaba? ¿Quién engañaba a quién? ¿Lo quería? ¿No lo quería?¿Y qué significaba quererlo de todas maneras? Juan era una realidad, el hijo que no había estado preparada a recibir y a quien aprendí a querer aunque tuve que admitir a mí misma, no fue deseado. Me sorprendió mi habilidad de mantener esa conversación conmigo misma mientras hablaba con mi marido y mi hijo acerca del paseo a la playa. Me estaba transformando en dos seres casi independientes. Eso me dio seguridad en mí misma y una falsa sensación de control sobre mi vida. Yo sabía cosas que no iba a divulgar lo que estaba pensando y lo que es más, tenía un plan que no pensaba compartir.

Decidí entrevistar a mis padres acerca de Laura. Me transformé en una mujer con una misión, una meta. Con la excusa de que hacía días que no los veía fui al apartamento donde ahora vivían y tras conversar por un rato de temas para mí irrelevantes, como al pasar les presenté mi súbito interés en la historia de Laura, dándoles la misma excusa que le di a Lupe, la de mi inesperada incursión en el viejo barrio y el repentino recuerdo de esa desaparición.

"Nunca se supo qué pasó con esa mujer, aunque yo sigo convencida de que la mataron por asuntos de política," fue el comentario conluyente que hizo mi madre.

"No digas tonterías mujer. Por empezar que Esteban todavía no había empezado una carrera política en serio y por otro lado o la hubieran encontrado o los que la secuestraron, si es que tu teoría es remotamente correcta, hubieran pedido algo a cambio, plata, armas, la liberación de un prisionero, pero no la hubieran matado porque sí sin siquiera anunciar cuál era el propósito del rapto," mi padre refutó sin mayor éxito.

"Entonces," preguntó mi madre como sabiendo la respuesta, "¿cómo explicás que una mujer sea capaz de abandonar a su marido e hijos sin dejar ninguna huella?. Eso tiene que haber sido el trabajo de profesionales."

Yo escuchaba la discusión sabiendo que mis padres podían seguir así por horas, incapaces de llegar a un acuerdo o de dudar de su teoría tras escuchar las ideas del otro. Eran adversarios incapaces de hacer un compromiso.

"¿Vos qué pensás, papá?" Ya que la versión de mi madre estaba clara, me quedaba por oír la otra teoría.

"Realmente no tengo una buena explicación. Tal vez haya sido uno de esos crímenes sin sentido. Quizás salió por un rato, se metió en zonas que no debía, la violaron o asaltaron y temiendo una denuncia la mataron. Pero, no me explico cómo nunca encontraron el cadáver."

En realidad a mí me importaba no sólo saber qué pasó con ella sino qué tipo de persona era y cuál era su relación con el marido e hijos. Traté de indagar más acerca del asunto, "¿Qué tal era ella, ustedes la veían a menudo, no?"

Mi madre fue la primera en responder. "Qué querés que te diga, yo nunca la encontré simpática. Me parecía altiva y muy poco amigable. Nunca contaba nada acerca de ella o su familia. Parecía que siempre estuviera tratando de mantener secretos. Cada vez que queríamos hablar del marido o los hijos, la muy zorra cambiaba de tema."

Ciertamente mi madre no parecía tenerle mucha simpatía, pero, me dije, si su impresión acerca de Laura era correcta, es posible que tuviera serios problemas matrimoniales que no quería compartir con un grupo de vecinas chismosas que se decían sus amigas y sabiamente mantuvo sus cuitas en secreto.

Mi padre contrariamente no opinaba igual y la tenía conceptualizada en forma muy diferente. "Mirá, yo no estoy de acuerdo. Era una preciosa mujer, muy elegante y de alto nivel social. Estaba muy dedicada al marido y los hijos, hizo mucha beneficencia y siempre estaba ocupada organizando reuniones y cenas para agazajar gente."

"Seguro que las hacía para sacar algo de todo eso. Además…no sabía que la creías tan linda, fea no era, pero no era para tanto" agregó mi madre muy indignada.

"Vos hablaste con ella,¿no?," le pregunté a mi padre.

"Pues claro que hablé con ella, y muchas veces. Siempre muy educada y …"

Mi madre lo interrumpió nuevamente, "Nos estamos yendo del tema. No importa cuán linda o educada fuera, eso no sirvió de mucho al final. La mujer desapareció y eso fue todo."

"Y, ¿qué me dicen del abogado?" Tal vez la indagación acerca del marido me podía dar algún indicio acerca de la mujer.

"Esteban era un hombre muy capaz, inteligente, muy ambicioso con su carrera. Que yo sepa no tenía problemas con Laura," recordó mi padre.

"Nunca se sabe lo que pasa detrás de puertas cerradas," introyectó mi madre, "pero a mí Esteban siempre me pareció un hombre serio, de buena familia y dedicado a la suya." "¿Les parece que pueda haber tenido una amante y Laura se enteró?," me animé a preguntar. "¿Esteban?¿una amante?," mi padre pareció sorprenderse ante tal suposición y sonrió brevemente antes de contestarme. "No Silvia, de eso estoy seguro."

"¿Cómo podés estar tan seguro? Más de uno engaña a la señora." De golpe mi madre se había transformado en alguien capaz de defender el honor de las mujeres, de Laura y cambiar el tema de su hipótesis. "¿Por qué no es posible que ella lo haya dejado cuando se enteró que él le era infiel?"

Mi padre trató de ser razonable, "Mirá Zulema, cada vez que Esteban hablaba de la familia lo hacía con mucho cariño, nunca hizo chistes acerca de su mujer, nunca le echó el ojo a nadie en la oficina ni hacía comentarios acerca de otras mujeres, como tantos otros hombres cuando están con otros maridos."

"Eso no significa nada," refutó mi madre.

Ciertamente ella había adoptado su nueva teoría y ahora estaba dispuesta a defenderla. La charla siguió esa dirección por un buen rato, lo que significa que no averigüé demasiado. Tanto mi madre como mi padre parecían tener su propia opinión acerca de la pareja y la o las razones que llevaron a la desaparición de Laura, pero ninguna era convincente y todas ellas igualmente valederas.

Decidí dar por terminada mi visita, pero antes de irme intenté averiguar algo acerca del abogado. "¿Qué hace Esteban ahora?"

Esta vez estuvieron los dos de acuerdo. "Esteban se mudó a otro barrio y perdió contacto con todos los que habíamos sido o creímos ser sus amigos. Me enteré," continuó mi padre, "que varios años después logró anular el matrimonio y se volvió a casar, no me preguntes con quién porque no sé."

"¿Y qué pasó con su carrera política?"

"La dejó completamente. Me dijo un hombre que lo conocía de los años de soltero, que emigró, creo que a España."

"¿Y los hijos?" Tal vez podría averiguar cuál fue el impacto del abandono materno en los niños.

"En Europa, supongo," me contestó.

Iba a ser imposible encontrar a esa gente, me debería contentar con los que tenía cerca. Cuando estaba a punto de irme mi madre me sorprendió con su comentario incisivo. "Espero que no andes preguntando tanto porque vos tenés problemas con Joaquín."

"No mamá, por supuesto que no," mentí, "era simplemente curiosidad, me sentí media chusma."

Me fui antes que mi padre oyera su comentario y tuviera que dar más explicaciones. Cuanto más tiempo me quedara, menos posibilidades tendría de mantener mis secretos sin que nadie sospechara. De ahí me fui a caminar por varias horas. Necesitaba estar a solas para pensar y digerir la información que había obtenido hasta este momento. Por ahora tenía sólo las versiones de Lupe y de mis padres y con excepción de que Laura era una mujer bastante callada y discreta, ninguno parecía estar describiendo la misma mujer. No era un principio muy promisorio pero debía seguir adelante, era mi vida y mis sueños lo que debía aclarar y Laura iba a ser mi guía.

Estaba tan preocupada por esa otra mujer, su marido y su vida, que le presté poca atención al cauce que mi vida estaba tomando. Mi rol de madre era puramente mecánico, eran pocos los momentos en que sentía entusiasmo por tener un hijo, en que sentía que le podía brindar lo que creía que las madres debían darle a sus hijos. Trataba de ser cariñosa, pero me veía como a través de un espejo, poco espontánea, sin saber ni dar ni recibir. Cuando veía que Joaquín jugaba a la pelota con Juan, o lo levantaba en brazos y reía con él, no podía evitar sentir un poco de envidia. ¿Cómo es que él, que tampoco estaba preparado a tener un hijo y que ni siquiera demonstraba gran interés cuando Juan era un bebé ahora reía más con el niño que conmigo?

¿Cómo es posible que Joaquín estaba en casa sólo cuando Juan estaba y si Juan iba a los de los abuelos Joaquín creaba un pretexto para irse él también? ¿Y por qué no podía dejar de soñar con Laura? Laura riendo, llorando, Laura abrazando a Joaquín, Laura empujando y abandonando a Juan, Laura gritando de miedo y después riendo a caracajadas. Me sentía cada vez más atrapada y pasaba de sentirme intensamente optimista por mi plan de investigación que brindaría la luz a toda mi vida, a un estado de total pesimismo por ver que la vida alrededor mío se estaba derrumbando más rápido de lo que yo podía reconstruir el misterio que podría armar ese rompecabezas. Cumplía con mi trabajo y mantenía una relación cordial con mis compañeros y colegas, pero estaba demasiado concentrada en mi propios dilemas como para salir de la caparazón que gradualmente me había construido y que no me permitía compartir nada. Tal vez no quería compartir, tal vez temía compartir. Tal vez temía las respuestas o comentarios que podía escuchar de otros hacia mi persona a la que prefería mantener intacta. Pensaba que eso era más seguro.

Un día en que me levanté con nuevo entusiasmo por mi investigación decidí hablar con doña Isabel y doña Maruja, las dos mujeres que eran amigas de mi madre y que tal vez sabían algo más de Laura de lo que había aprendido hasta ahora. No fue difícil encontrarlas. Las dos vivían en la misma casa que habitaban hacía veinte años o más, en el barrio en el que yo había crecido. Esta vez tuve que complicar en algo mi mentira, presentando la excusa de visitar el barrio porque un conocido estaba interesado en comprar una propiedad en la zona y necesitaba averiguar si había algo a la venta. Una excusa media débil, pero una que aceptaron sin más preguntas. Dudé cuál era la mejor táctica para obtener sus impresiones acerca de Laura y su marido, si citarme con cada mujer por separado o verlas a las dos juntas. No tuve opción esta vez porque cuando llamé a Isabel me dijo, "Te vas a quedar a tomar el té conmigo y Maruja. Hace añares que no te vemos y nos tenés que poner al día con tu vida y la de tu hijo que debe estar divino." Eso simplificó mi decisión. Ahora debía ingeniármelas para llegar al tema "Laura" sin provocar demasiadas sospechas.

Cuando llegué a la casa de Isabel, Maruja ya estaba y por lo que vi habían estado preparando sandwiches y saladitos por horas. Hacía muchos años que yo no las veía, probablemente desde que mis padres se mudaron de ese barrio, pero al verlas noté que su aspecto era el de siempre, el pelo batido de peluquería, las uñas pintadas de un rosa fuerte, el resonar de sus voces igual al que yo recordaba de mi niñez. Después de los saludos de rigor y la desilusión porque yo no tenía fotos de Juan conmigo. "Tenés que llevar fotos de tu hijo en la cartera, ¿cómo es que no se te ocurrió traer alguna?"

Elegí ignorar el comentario y pasamos a hablar de mis actividades profesionales y de los progresos que iba haciendo Juan y de cómo comparaban con los de sus nietos de los cuales vi más fotos y dibujos de lo que me interesaba. También tuve que demostrar interés por las quejas que Maruja tenía acerca de su hijo mayor quien aún no se había casado y por quien ella sentía una debilidad especial. Doña Maruja parecía ir de lamento en lamento y de queja en queja. Con la excusa de mi interés en asuntos de inmobiliaria, procedí con cautela a comentar acerca de "aquella casa tan linda que estuvo a la venta tanto tiempo, era de un abogado,¿no?"

Las dos recordaban muy bien al abogado y a su mujer, "Que un buen día desapareció y como si se la hubiera tragado la tierra nunca más se supo de ella." Estuvieron las dos de acuerdo en este comentario que fue quizás el último que tuvieron en común. Como parecían estar entusiasmadas en hablar de este tema que había sido súbitamente rescatado de sus memorias, concluí que era el momento propicio para empezar mi indagación.

"Qué raro, ¿no? que una mujer pudiera desaparecer así. Me pregunto qué tipo de persona era y qué la llevó a huir. Claro, mamá siempre pensó que fue víctima de un atentado de índole política y papá piensa que tal vez fue un simple crimen. ¿Ustedes qué piensan?" Ahora tenía que mantenerme callada y esperar a que sus memorias, recuerdos e impresiones de Laura salieran a relucir.

"¿Un atentado político? ¡Qué teoría tan ridícula! Sí, me acuerdo que tu madre había hablado de eso como una posibilidad para explicar su desaparición. Pero para mi nunca tuvo ningún sentido, ni ton ni son." Isabel parecía espantada de que alguien hubiera concebido esta teoría para ella extraordinariamente ficticia.

"Estoy de acuerdo," asintió Maruja, quien enfatizó su afirmación inclinando su cabeza varias veces hasta que el mentón casi le rozó el pecho. "Pobrecita, era tan tímida y calladita," prosiguió Maruja sin mirarnos, como si pudiera traer la imagen de Laura a su memoria enfocando su vista en el ventanal que daba a la calle.

"¡Tímida y calladita! ¿Pero de quién estás hablando Maruja?," Isabel se horrorizó al escuchar la impresión que su amiga tenía de Laura con la que ella estaba en desacuerdo total. "La mujer era una avispada. Se las daba de buena anfitriona ofreciendo esas grandes galas en su casa, que dicho sea de paso las preparaba la mucama ¿cómo era que se llamaba? Jacinta, creo, una maravilla, ojalá yo la hubiera conseguido...Miren, yo estoy segura que conoció a algún diplomático en una de las fiestas y se escapó con él al extranjero."

Yo no sabía de ningún político que hubiera huido del país con una mujer que no era la suya, pero decidí no contradecirla. Me pareció más prudente seguir escuchando.

"Pero Isabel, ¿cómo podés decir eso de la pobrecita? Yo siempre la vi tan tímida y apocada, parecía siempre estar asustada por algo. ¡Cuánto esfuerzo le debe haber costado hacer esas fiestas para tanta gente con lo calladita que era!"

"Eso no tiene..." la interrumpió Isabel, pero Maruja estaba tan concentrada en su descripción de Laura que siguió como si no la hubiera oído.

"Siempre pensé que Esteban no la trataba bien, vaya uno a saber, capaz de que la pegaba y maltrataba. Yo estoy segura de que se escapó del marido. Claro, que si quieren mi opinión, eso no era razón para abandonar una familia. Cuando uno se casa es para siempre."

Me sentía tan confundida después de obtener no sólo descripciones totalmente contradictorias de la misma persona sino de tratar de entender por qué una persona podía ser percibida de manera tan opuesta que por un momento me sentí mareada. Como si yo no estuviera presente, siguieron con el tema por su cuenta, ahora hablando del marido. Isabel prosiguió, "¿Cómo podés tan siquiera pensar que el abogado la trataba mal? Era un caballero, una persona de bien que no se merecía una mujer así. Siempre estaba dispuesto a ayudar y a sacar gente de un apuro."

¿Qué tipo de apuro? pensé, pero no logré hacer la pregunta porque las dos mujeres habían iniciado algo similar a un partido de ping-pong.

"Para mí que tenía otra, quizás más de una mujer, eso no me sorprendiría," le contestó Maruja, así atacando la opinión diáfana que Isabel tenía de Esteban.

Estaban tan ensimismadas en afirmar y dar sus opiniones que fueron sorprendidas por mi interrupción, como si se hubieran olvidado de que yo estaba presente. "¿Qué les parece...?" "¿Vos qué opinás, Silvia?," me detuvo Maruja, presiento que más para ser amable e incluirme en la discusión que porque les interesaba lo que yo pensara. Yo estaba lista a disculparme e irme, frustrada, cansada y abrumada por las contradicciones que acababa de escuchar y las emociones que las acompañaban. Pero, en medio de todo eso me di cuenta de que si quería saber cómo era Laura, las personas que había dejado fuera de mi investigación y que probablemente eran las que la conocían mejor eran sus padres. Logré sorprender a Maruja e Isabel con mi pregunta "¿Qué es de la vida de los padres de Laura?"

Se miraron mutuamente como buscando una respuesta a una pregunta que no esperaban. Isabel me contestó primero. "Creo que se fueron a vivir a la estancia. Después de semejante golpe no tuvieron el coraje de mostrarse en sociedad. Si tienen amigos deben ser algunos que conocieron después que la hija desapareció porque que yo sepa no se relacionaron más con la gente que supo lo que hizo Laura."

"Pienso que Isabel tiene razón," una vez más Maruja estuvo de acuerdo con Isabel, la segunda vez en la tarde.

"Me tengo que ir, gracias por el té."

"¿Pero, no era que querías información acerca de casas en venta en el vecindario?," indagó Maruja. Pero para ese entonces yo ya había atravesado el portal y me había olvidado todo acerca de la inmobiliara ficticia que había creado.

Mientras manejaba rumbo a la oficina me preguntaba cuánto derecho tenía en intruir en la vida de los padres de Laura y si lo hacía cuál sería la excusa. ¿Era legítimo y justo traer los recuerdos y quizás vergüenza a ese matrimonio entrado en años para tratar de solucionar mi propia vida? Trataba de justificar mi súbito arrebato de conciencia cuando en realidad sabía que mi pasión para resolver el misterio de su desaparición era más fuerte que mi capacidad por respeto hacia el dolor ajeno. Justificaba mi plan convenciéndome a mí misma de lo benigno que serían mis preguntas y mi sutileza en adquirir información. Llegué al centro habiendo manejado en forma tan mecánica que no recordaba ni cómo arribé. Me sorprendió ver al colega con el que había tenido mi ¿affair? hablando con una de las secretarias. Más aún me sorprendió su saludo cordial pero distante, como si nunca hubiera existido entre nosotros ninguna intimidad. Tal vez no hubo intimidad, me dije. En realidad, no sé lo qué hubo. Me sentí aliviada de que su reacción fuera tal, eso me facilitaría cualquier comunicación profesional que pudiera surgir en el futuro, pero, no pude negar mi sopresa e injuria a mi amor propio por su falta de interés. Afortunadamente mi preocupación por el rechazo no duró demasiado. En cuanto me encerré en mi cubículo empecé a planear mi cita con los padres de Laura.

Joaquín notó mi repentino y reciente entusiasmo aunque no podía explicarlo. "Veo que no andás con la cara tan larga últimamente, nos va a hacer bien a todos."

En lugar de tratar de encontrar una mentira para seguir la conversación, o comenzar a indagar acerca de su posible romance, amante o lo que fuera y entrar en una seguidilla de acusaciones y reproches, preferí sonreír y no contestar. Pensé que sería lo más prudente. Y lo fue. Por varios días Joaquín se mostró más interesado en mis actividades y menos distante. Yo estaba tan ocupada tratando de localizar a los padres de Laura que ni me acordé que se aproximaban las vacaciones de invierno y le había prometido a Juan una serie de actividades durante esos días. A consecuencia, tuve que posponer mi encuentro por unos días. Los paseos con Juan al cine y al zoológico no lograron distraerme más que momentáneamente. En cuanto permitía que mi imaginación divagara, caía inevitablemente en mi necesidad de encontrar una explicación a la desaparición de Laura. Cuando, a veces, en forma fugaz, la pregunta surgía acerca de qué haría una vez que obtuviera la información que buscaba con tanto celo, la trataba de eliminar rápidamente de mi mente, porque aunque no me permitía admitirlo, una vez encontrada la clave al misterio yo debía tomar una decisión. Aún no estaba lista. La búsqueda me daba una causa para seguir adelante y al mismo tiempo una excusa para no concentrarme en mi familia. Miraba al futuro a través de un túnel y en la mira sólo tenía a Laura.

Usando distintos pretextos y por medios no siempre legítimos, logré localizar a los que creí serían la clave a todas las preguntas que me atormentaban. Con trepidación llamé una tarde en que no había nadie en casa. Atendió quien supuse era la madre y a pesar de que había pensado en numerosas excusas y mentiras para entablar conversación y lograr verlos, no pude hacerlo y con una fortitud que me asombró a mí misma, me presenté como lo que era, una mujer confundida y desesperada que necesitaba entender qué es lo que lleva a una mujer a abandonar a su marido e hijos para así entender su propia confusión. La madre de Laura, Rosa, mantuvo un silencio para mí eterno mientras yo le explicaba quién era y las razones de mi llamada. Tras una larga pausa, con voz calma y pausada, aceptó hablar por unos minutos, pero no en persona.

"Señora Silvia, lamento que esté pasando por un momento difícil. Recuerdo vagamente a sus padres, tengo idea de haberlos visto en casa de mi hija durante alguna reunión, gente muy amable. No creo haberla conocido a usted, pienso que en ese entonces usted tendría menos de diez años, eso la hace aún muy joven. Como le decía, lamento que se encuentre en una situación tan difícil, pero no sé si la podré ayudar en algo. Me va a tener que disculpar, pero no creo que sea una buena idea que nos veamos. Mi marido ha tenido algunos problemas de salud y temo que la visita de una mujer joven con problemas de familia que quiere vernos con el propósito de hablar de Laura le hará daño. Ya sufrimos demasiado."

"Disculpe," me sentí avegonzada de mi intrusión y mi atrevimiento, "no tenía intenciones de causarle más dolor, pero me encuentro tan confundida que pensé que tal vez ustedes me podrían ayudar." Mi voz suplicante le debe haber dado pena, porque tras unos instantes me respondió.

"Estoy dispuesta a contestarle algunas preguntas, pero no quiero que mi marido se entere que hablamos."

Agradecida y esperanzada, de la forma más delicada posible, comencé mi interrrogación, que decidí sería lo más breve posible a pesar de mi necesidad de hablar con esta desconocida por más tiempo de lo que lo había hecho con nadie jamás. "Quisiera que me ayude a entender qué tipo de persona era Laura, qué la llevó a huir, en fin, tengo tantas preguntas que no sé exactamente cómo empezar."

Su comentario me sorprendió. "¿Qué le hace pensar que Laura huyó?"

Tímidamente le contesté que tenía entendido que esa era la razón más aceptada acerca de su desaparición.

"Eso es correcto, todos hemos aceptado esa explicación en algún momento u otro. Pero, ¿no puede haber sido un crimen? O, ¿por qué no pensar que se suicidó, que un buen día decidió terminar su vida que todos creíamos perfecta y entró al mar para nunca salir?"

Sus hipótesis y su habilidad de considerar diferentes opciones me sorprendió. Antes de que pudiera encontrar un comentario más o menos inteligente, ella continuó como si no esperara una respuesta.

"¿Y por qué no pensar que tal vez esté en alguna hermosa ciudad en alguna parte del mundo, rodeada de amor y satisfecha con su vida?"

Doña Rosa ciertamente había considerado más opciones que nadie y a pesar de los años transcurridos desde la desaparición mantenía ilusiones y esperanzas que otros ya habían abandonado. Sentí pena y admiración por esa madre que había pasado por tanto dolor y que había tenido que responder a tantas preguntas e indagaciones sin tener aún una respuesta satisfactoria.

"¿Usted cree entonces que ella pueda estar viva?" No sé por qué hice tal pregunta, sólo después de escucharme a mí misma me di cuenta de lo que dije.

"¿Por qué no?," me contestó, "pero, tal vez esté muerta."

Me empecé a sentir aún más confundida. Su capacidad de creer a su hija viva o muerta y darme las opciones como igualmente válidas me parecía poco menos que asombroso.

Como leyendo mis pensamientos y con una leve sonrisa audible, me dijo, "Seguro que la estoy confundiendo, pero sólo la esperanza de que aún esté viva y que algún día sepamos de ella me ha mantenido viva durante todos estos años. Tiene que entender Silvia que nunca nadie ofreció una explicación de su desaparición que se pudiera considerar más valedera o legítima que otra. Todas las conclusiones son iguales, nunca nadie probó nada, ni la policía ni la familia, nadie. Por eso es que yo sigo considerando todas las posibilidades y a veces incluso creo alguna nueva. Me convenzo de que esa es la única verdad por un tiempo, para volver inevitablemente a considerar otras días o semanas después. Eso me impide volverme loca, o por lo menos eso creo."

El silencio reapareció entre nosotras, al parecer, más intolerable para mí que para ella que apenas parecía respirar. Mi nerviosismo y mi intolerancia por el silencio me forzaron a dirigir mis preguntas en otra dirección. "¿Qué pasó con los hijos?"

"Fueron criados por el padre. Digamos que a pesar de haber crecido sin su madre están bien, pero nunca se sobrepusieron del trauma del abandono."

Mis temores salieron a relucir cuando quise seguir indagando sobre ese tema. "¿ Por qué dice eso?"

"Bueno, usted no puede esperar que dos niños chicos sean abandonados por su madre por la razón que sea y hagan como si nada," me contestó con cierta indignación.

Su voz cambió de triste y trastornada a casi enojada. Su amor de abuela fue en ese momento más poderoso que el de madre. "Preguntaron acerca de ella por mucho tiempo, nada los consolaba, hasta que un buen día cansados de no recibir una respuesta satisfactoria, la dejaron de nombrar. Nunca más hablaron o preguntaron por ella, ni siquiera han querido mirar fotos, la han hecho desaparecer de sus recuerdos como si nunca hubiera existido." Cuando Rosa concluyó esa frase sentí que mi mano izquierda con la que sostenía el tubo me dolía. Ahí me di cuenta que había puesto tanta presión y fuerza por la tensión que estaba sintiendo que contraje mis músculos hasta llegar al dolor. Un sudor frío recorrió mi cuerpo. Imaginé esos niños tristes y abandonados y sentí pena. Una vez más me pregunté si la pena era por ellos, por la abuela, por Laura o por mí. Me empecé a sentir tan minúscula que sentí tristeza y dolor por mí misma. Rosa, sin tener idea de mis emociones en ese momento siguió hablando sin esperar otra pregunta.

"Le debo aclarar Silvia, que mi yerno los cuidó muy bien. Usted habrá escuchado que mi marido y yo tuvimos serios desacuerdos con él, pero siempre fueron de índole política. Esteban fue un muy buen padre para los chicos."

Mi silencio la debe haber sorprendido porque me preguntó, "¿Silvia, me escucha?"

"Sí, disculpe," le contesté, "me distraje pensando en todo lo que me está contando, le agradezco que sea tan sincera conmigo."

"Saben lo que dicen," siguió, "a veces uno puede hablar más con un extraño que con su propia familia y no quiero ofenderla, pero para mí usted es una extraña."

Sí, tenía razón, yo no era nada de ella ni para ella, ¿acaso era algo para alguien?. Mis pensamientos empezaban a correr en paralelo con su conversación y trataba de prestarle atención mientras me esforzaba en enlazar la historia de Laura con la mía.

"Disculpe Silvia," su voz me tomó casi por sorpresa, estaba concentrada en mi conversación interior "estoy cansada y esta charla me ha hecho hablar y recordar cosas que prefiero mantener alejadas de mi mente."

"Sólo una pregunta más," imploré. "¿Cómo era Laura?"

La oí sonreír. "Ojalá pudiera contestarle esa pregunta, porque si pudiera hacerlo tal vez podría saber por qué desapareció."

Oí nueva tensión en su voz y creí que iba a llorar, cuando retomó el hilo, "No sé cómo era mi hija y no creo que nadie la haya conocido. Si hay algo que no le puedo perdonar, es que si tuvo miedos o problemas que nunca haya tenido el coraje de acercarse a alguien y confiarle lo que pensaba."

Sin que yo pudiera pensar en una respuesta, se despidió. "Adiós Silvia, y suerte." La línea se cortó y me quedé con el tubo en la mano y el sonido monótono de la línea interrumpida resonando en mi oído.

El desenlace

Como sonámbula colgué el teléfono y me alejé hacia la ventana, miré hacia afuera sin ver nada y sin intención de mirar. Lágrimas recorrieron mis mejillas y me invadió una enorme tristeza. No sabía qué camino tomar, qué hacer con mi vida. La conversación con Rosa me había trastornado y tuve que admitir que estaba desilusionada. Todas las esperanzas que había acumulado en los últimos meses, de encontrar una solución a mis problemas tras entrevistar a aquellos que conocieron a Laura, se iban derrumbando como castillos de barajas.

Días de frío intenso fueron seguidos por tibios días de invierno que presagiaban la llegada de la primavera, para la que aún faltaban más de dos meses. Caminaba como perdida por las calles que aunque conocidas me resultaban extrañas, no miraba a la gente, me entreveraba entre el gentío donde prefería perderme y me dejaba llevar por mis pasos sin pensar en una meta. A veces, cansada por las largas caminatas, me sentaba en un café donde revolvía la cucharita en el pocillo mientras que mi mente no era capaz de darle sentido a los pensamientos que giraban al igual que esa cucharita, sin principio ni fin. Cuando volvía a casa agotada física y mentalmente, me encontraba con Joaquín que me miraba con reproche y sin titubear me hacía saber en pocas palabras que mis ausencias eran cada vez más largas y se estaba empezando a hartar de mi distanciamiento de la familia, sobre todo mi indiferencia y aparente falta de cariño hacia Juan. A veces creía que Joaquín estaba más ausente de la casa que yo y me convencía de que seguramente estaba con su amante, o amantes. Otras, dudaba de lo que vi en el verano y la imagen de aquel hombre en un café se borroneaba en mi memoria, tomando los rasgos de algún desconocido y obligando a cuestionar la previa certeza de lo que vi o creí ver. Ya no sabía qué era cierto y qué era ficticio, pero mi ansiedad estaba tomando proporciones intolerables. Cuando lograba dormir, las pesadillas eran tan poderosas y reales que me despertaba agotada, mojada en mi sudor, con las sábanas arrugadas, testigos de mi inquietud. Imágenes de Laura se metamorfoseaban en mí, a veces sola, corriendo entre multitudes, aterrorizada y desesperada. Otras, Laura o yo, u otra mujer que creía era yo aunque no se parecía a mí, reía a las carcajadas, una risa tan fuerte y violenta que obligaba a la gente a distanciarse hasta que quedaba sola, siempre riendo, risas que eran gritos.

Iba al trabajo y funcionaba en lo que sabía hacer en forma mecánica. Era todavía capaz de mostrar cierta eficiencia laboral y de mantener conversaciones superficiales con mis colegas que no sospechaban de mi drama interior. Era una buena actriz y podía reír ante los chistes que no me causaban gracia y pretender hacer comentarios políticos aunque hacía semanas que no leía un diario. Yo era la única que conocía mi desesperación, la que mantenía oculta y la cuidaba con el celo de alguien que no quiere compartir aquello que teme sea ensuciado o contaminado por otros, alguien que pudiera ver lo que yo no podía o quería ver. Tampoco demostraba mis sentimientos frente a mis padres, que no parecían sospechar nada. Si alguna vez mi madre intentó un acercamiento y pareció notar algún cambio en mí, le aseguré rápidamente que era su imaginación y que todo estaba en perfecto orden.

Lupe, quien quizás me conocía mejor que nadie, alguna vez me dijo, "Conmigo no te vas a hacer la loca, no sé en qué andás, pero se te ve horrible y andás despistada y tristona, si no querés hablar no hables, ya sos grandecita, pero no hagas disparates." Orgullosa de la coraza que tenía a mi alrededor, no lo contesté.

Una noche al caminar por delante de un teatro, vi un grupo de mujeres vestidas de gala y entre ellas me llamó la atención la figura alta y esbelta de una mujer aún joven, con un color de pelo que sobresalía del resto, rasgos casi felinos y una elegancia que denotaba clase y buen gusto. El corazón me dio un salto y me dije "Esa es Laura".

Corrí hacia la multitud, tenía que verla de cerca, de alguna manera hacerle saber quién era, dejarle mi número de teléfono, hacer una cita, pedirle ayuda.

Como una loca, corrí entre la multitud que me miraba horrorizada mientras a codazos me habría camino y cuando finalmente llegué cerca suyo esa imagen había desaparecido y en su lugar había una hermosa mujer, pero no la que yo creí haber visto. Avergonzada y humillada, despeinada y con la ropa en desorden, me alejé a paso veloz de esa gente con la esperanza de que no hubiera habido entre ellos ningún conocido. Caminé sin rumbo por la Ciudad Vieja. Era noche cerrada y las calles estaban vacías. Algún borracho se mantenía de pie con gran dificultad y bichicomes estaban tirados contra las paredes de los comercios cerrados, calentádose contra alguna rejilla. Pero entre todos esos hombres distinguí la figura de una mujer. Me pregunté cómo era posible que una mujer terminara así y si yo corría ese riesgo. ¿Acaso esa podía ser Laura? ¿Tuvo miedos esa mujer ahora sucia, maloliente, sus ropas rotas, trapos cubriendo el cuerpo gastado? ¿Pudo acaso haber abandonado a su familia que no sabía qué fue de ella? Me acerqué con cautela, horror, asco y ansiedad entreverados en mí. "¿Laura?" le pregunté, con la esperanza de obtener una afirmación y la certeza de que estaba perdiendo la cordura. Me miró por un segundo, desconfiada y curiosa ante tal intrusión y enseguida volvió su mirada en dirección opuesta musitando alguna palabrota a través de su boca sin dientes. Me alejé hasta que vi un taxi que parecía andar perdido por ese barrio desierto y frustrada, cansada y abatida volví a casa.

"Es hora de que alguien te diga que dejes de andar con esa cara y malhumor porque todos nos estamos hartando de vos." El comentario de Joaquín no me tomó por sorpresa. Cada vez estaba más distanciada de él y más concentrada en mi dolor. ¿Pero, cuál era mi dolor y por qué lo tenía? ¿Cómo había empezado todo? ¿Hace cuánto tiempo? ¿Había acaso algún culpable? No me podía acordar. De golpe me sorprendí de mi propia ignorancia acerca de lo que me consumía día y noche. No podía dejar de pensar en Laura, se había transformado en mi obsesión. Sentí que me estaba quedando sin energías, estaba tan cansada que pensé me podía enfermar. A pesar de eso, resolví usar la poca capacidad mental que me quedaba para crear una imagen de Laura basada en lo que todos los que había entrevistado me habían dicho acerca de ella. Pero lo que encontré fue un collage de imágenes y percepciones que eran más descriptivos de la personalidad y fantasías del narrador que de la figura de la desaparecida. Nadie la conocía. Nadie sabía a qué le temía, qué la hacía feliz o cuáles eran sus anhelos y esperanzas. Como si hubiera sido una muñeca transparente cada uno que la conoció creó de ella un ser diferente para poder explicar sus propias fantasías. Laura tal como fue descrita por tantos no existía. Su desaparición era un misterio, pero su personalidad lo fue aún más. Entonces me pregunté, ¿Cómo sería yo descrita por mi familia y conocidos si desapareciera? ¿Acaso crearían historias tan diversas como las que yo había escuchado? ¿Qué dirían de mí? ¿Me extrañarían, odiarían o reprocharían haber desaparecido? Las dudas me consumían. Reconocí que ya no podía llevar la búsqueda y mi indagación más lejos, no tenía ni los medios ni la fuerza mental o física para hacerlo. Lloré día tras día, estaba atrapada en mí misma y no sabía cómo salir. Era la prisionera de mi dolor, mis dudas y mi historia. No sabía si quería a

Joaquín, lo que es aún peor, no sabía si quería a mi hijo o si tan siquiera tenía la capacidad de amar. Tuve que hacer un esfuerzo para recordar aquellos primeros tiempos con Joaquín. Los sentí tan lejanos y ajenos a mí como si hubieran sido vividos por otra, alguien que ya no existía. Vagamente recordé que me había creído feliz, estaba enamorada, reía y soñaba, todo parecía ser perfecto. Pero, lentamente algo se fue apoderando de mí, de nosotros. Fui deslizándome por un tobogán de dudas, temores, problemas, y ahora estaba tocando el fondo y no sabía cómo salir. Desesperada lloré.

La brisa tibia de los primeros días de primavera me dio un empuje de entusiasmo y esperanzas. Con un nuevo ímpetu de energías que no lograba entender presentí que el momento de tomar una decisión estaba acercándose. A principios de setiembre mis padres nos invitaron a pasar unos días en la casa de la playa. Con la excusa de que todos nos merecíamos unos días de descanso bajo el sol primaveral decidieron abrir la casa el primer fin de semana de las vacaciones de primavera. Tras discutir varios planes, mis padres insistieron en llevar a Juan con ellos y Joaquín y yo iríamos en forma separada cada uno desde su trabajo el último viernes de clase.

El tumulto que me había acosado durante tantos meses estaba empezando a desaparecer, como una nube que lentamente deja aparecer un rayo de sol. Y fue durante una noche como tantas otras, cuando salí al balcón y sentí la brisa fresca sobre mi piel, que decidí que sería ese día, el día en que mi familia se iría manejando rumbo a la playa en que yo me iría lejos de ellos y para siempre. Desaparecería sin dejar huellas ni rastros. La decisión me dio una sensación de alivio y de paz. Estaba satisfecha conmigo misma. Esa era la única solución. Calma y con confianza me fui a dormir. Esa noche mis pesadillas fueron más intensas y aterradoras que nunca.

El primer viernes de setiembre, tal como lo habíamos planeado, preparé la maleta de Juan por la mañana y me despedí de Joaquín y de mi hijo con la promesa de que nos veríamos a la hora de la cena. Por un instante sentí pánico al tomar consciencia de que ese sería el último beso que le daría a mi hijo, pero me forcé a descartar ese pensamiento y con una sonrisa y un abrazo para ellos inesperado, les dije "Hasta la noche".

Una vez que todos se fueron y sin mirar atrás, salí del apartamento y me dirigí hacia nuestro auto, el paso seguro y la garganta seca. En lugar de ir a la oficina empecé a manejar sin dirección. Mi plan era huir, pero no sabía ni cómo ni a dónde. Aceleré al llegar a la carretera y transferí mi necesidad de huir al auto que tomó una velocidad vertiginosa. Me repetía "Soy libre" y sentía una gran satisfacción por lo logrado, pero un enorme temor. Cuanto más me alejaba de la ciudad más aumentaba la tensión y el nerviosismo. Me traté de convencer de que esa había sido mi decisión, la que me había dado tranquilidad unos pocos días atrás y la que concluí era la única solución a mis dudas y fracasos. Sin embargo empecé a temblar en forma descontrolada y fui invadida por una tremenda necesidad de llorar. Los sollozos se transformaron en llanto audible y lágrimas llenaron mis ojos. Mi visión fue eclipsada por el llanto y paré al costado de la carretera sobre un camino de asfalto parcialmente cubierto por arbustos. Bajé del auto y comencé a caminar. Llorando y temblando, las piernas enredadas por ramas caídas en el invierno, no sentía el dolor de las raspaduras, era consciente sólo de mi desesperación. Como salido de muy adentro mío, del alma si es que aún la tenía, emití un grito tan profundo e intenso que creí no provenía de mí. Era un grito casi animal, de alguien profundamente herido y que aún lucha para vivir. Me arrodillé, llené mis manos con piedras y ramas y con todas mis fuerzas las tiré contra árboles, la tierra, el aire, en todas direcciones. Estaba enfurecida y desesperada. Me odié a mí misma y caí a la tierra agotada por las fuerzas gastadas en ese arrebato de emociones. Después de un tiempo que no pude precisar, ¿horas? ¿minutos?, me calmé y los gritos dieron paso a un llanto calmo y monótono que eventualmente terminó.

Logré sin proponérmelo pensar en forma más clara de lo que lo había hecho en mucho tiempo y sentí pena por mí. Pena por no haber luchado para salvar mi matrimonio, pena y culpa por no haberle dado a mi hijo el amor que necesitaba, pena por nunca haber estirado una mano para pedir ayuda y compartir mi dolor, pena por no haber dejado que nadie se me acercara. Había perseguido un fantasma, el fantasma de un recuerdo y de una mujer que nunca nadie conoció y que creí era la respuesta a mi vida. Fue en ese momento cuando comprendí de que sólo tenía dos opciones. Podía escapar como lo había planeado, sin dejar huellas, huir de todo y todos llevando conmigo mi pasado, o podía enfrentar todos esos miedos, dudas, temores y frustraciones y hacerme reponsable por el cauce que debía darle a mi vida. No sabía si mi matrimonio sobreviviría o no, tampoco sabía si mi hijo me perdonaría la ausencia emotiva de estos años, pero esta vez la decisión fue definitiva. Finalmente tuve la certeza de lo que debía hacer.

Había una familia esperándome para la cena. Nunca más soñé con Laura.

LA VENTANA

Con sus piernas flacas de niño pobre y hambriento se trepó a la banqueta de madera gastada y pintura descascarada y con sus dedos finos y largos, las uñas sucias y desparejas se aferró al borde de esa ventana cuyo vidrio rajado y cubierto de polvo era su mirador al mundo. Esa ventana lo trasladaba a los jardines para él lejanos e inalcanzables de "La Mansión". Así llamaban su madre y el hombre con el que ella vivía, a esa enorme casona de paredes altas y blancas, bordeada de flores multicolores y eucaliptus. Pucho, el pelo revuelto enmarcando su rostro con enormes ojos marrones, soñador deseoso de atención y afección, la contemplaba por horas, cautivo de ese mundo donde el sol siempre parecía brillar y los colores eran vivos y deslumbrantes, casi enceguecedores. Ese mundo parecía llamarle, tentándolo con su brillo, perfumes y sonidos como envoltorio de celofán alrededor de golosinas. A su alrededor todo era sórdido, opaco, sombrío. Su mirada, curiosa y ávida de todo aquello tan inalcanzable, escudriñaba "La Mansión", durante los amaneceres cuando él se subía a su banquito a contemplar la salida del sol que como un telón que oculta el escenario inaccesible, descubría lentamente la escena formidable de una casa y unas vidas de las que él nunca sería protagonista. Así permanecía por horas, con sus codos firmemente apoyados y las palmas de sus manos sosteniendo su cara huesuda cubierta de polvo.

Su madre volvía al anochecer, el semblante sudoroso y los cabellos pegados a la frente. Ya nada quedaba de aquel rostro que una vez había prometido atractivo. Sus piernas estaban oscurecidas por gruesas várices que parecían delinear caminos testigos de años de tareas arduas. Su cuerpo, aunque joven, estaba consumido, marchitado. Entraba en silencio y como atraída por una fuerza magnética, se deslizaba hacia un catre cubierto por un colchón viejo y manchado, los elásticos herrumbrados, las sábanas en desorden.

Caía con tal fuerza que el golpe de su cuerpo hacía vibrar los alambres desgastados. Permanecía inmóvil y con sus brazos extendidos a través de las cobijas, las piernas apenas entreabiertas y la respiración casi inaudible, parecía un ave que cae herida mortalmente. Pucho, acostumbrado a esa rutina, la miraba entrar, pero ella no parecía verlo. Él giraba su cabeza hacia la ventana otra vez y permanecía callado, ensimismado por la música y las risas provenientes de "La Mansión" donde las luces gradualmente encendidas la transformaban en una estrella que encandilaba sus ojos tristes.

Cuando la pieza estaba a oscuras su madre se levantaba y sentada al borde de la cama con los ojos semicerrados, se calzaba las chinelas de fieltro gastadas, se alizaba el batón, y sin dirigirle la mirada pasaba a su lado como si él no existiera. Al prender la lámpara a mantilla, la pieza se inundaba de un tono ceniciento y sus cuerpos se transformaban en fantasmas protagonistas de una pesadilla lúgubre. Ponía sobre el primus la olla llena con el agua que Ramón había traído de la bomba antes de ir a los campos en la madrugada. Sus manos ásperas y enrojecidas pelaban algunas verduras en forma mecánica y ausente. Bajo la luz de la lámpara, su madre parecía una muñeca de cera, un títere que había perdido las emociones.

La figura sombría y amenazante de Ramón se acercaba. Ramón, ser oscuro de aspecto y de carácter, parecía traer consigo la amargura y el odio del derrotado. Pucho había aprendido a temprana edad a permanecer callado salvo que Ramón le dirigiera la palabra, lo que era inusual, y a no contradecir a Ramón, sobre todo después que éste se tomaba varias grapas. El alcohol lo encendía y en ocasiones, Ramón lo había arrinconado y golpeado en la cabeza, espalda, piernas o dondequiera que sus manos o cinturón cayeran. Durante los primeros episodios de violencia, Luisa trató de proteger a su hijo y le suplicaba a Ramón, sordo en su furia, que se alejara de Pucho. Pero cuando Ramón empezó a dirigir su ira hacia ella, machucándole los brazos y transformando sus párpados en carne amoratada, ella no intercedió más y permanecía de espaldas a su hombre y a su hijo pretendiendo ignorar la cólera del uno y el terror del otro.

Ramón vivía con él y su madre desde su infancia. Luisa le había dicho a muy temprana edad, "Tu padre nunca supo que vos naciste, tenía otras obligaciones. Ahora Ramón es tu padre." A través de la ventana, Pucho contemplaba "La Mansión", e imaginaba a su padre, hombre afable y pudiente, rescatándolo de ese mundo triste y cruel del que no sabía cómo escapar. Viviría en "La Mansión" y cubriría los ventanales a través de los cuales se veía el rancho. Ese mundo pobre, hostil y gris desaparecería para siempre. Esa imagen le hacía sonreír, su pecho daba un fugaz brinco de esperanza.

"Vení a comer Pucho." Su madre lo llamaba y los tres se sentaban a la mesa. Durante esos momentos vagamente compartidos, la conversación era mínima, la alegría inexistente. Ramón a veces musitaba frases o palabras que parecían tener algo que ver con su quehacer, "la cosecha...el ganado...las lluvias." Luisa asentía pero no ofrecía comentario alguno. Tímidamente lo miraba de reojo por un instante y rápidamente retornaba su mirada a los restos que cubrían su plato. Pucho devoraba su porción que, aunque insulsa y escueta era lo mejor y único que tenía. A veces Ramón traía sobras del ganado carneado. Eso para Pucho era un manjar.

Cuando Ramón estaba de buen humor, lo que ocurría rara vez, en forma brusca y con voz rasposa le preguntaba a Pucho, "Y vos Pucho, ¿qué hiciste hoy?" Pucho le contestaba de manera breve y sin dar detalles, sabía que Ramón no tenía paciencia ni interés en sus sueños y fantasías.

Al final del verano cuando la brisa tibia anunciaba la inminente llegada del otoño, Pucho gozaba de ese aire que traía consigo el anuncio del comienzo de las clases. Caminos de barro a través de los campos lo llevaban a esa escuela modesta y sin pretensiones que intentaba educar a niños que como él provenían de los ranchos de la zona. La compañía de los otros niños, la atención de la maestra y sobre todo el plato de comida caliente que recibía al mediodía lograban pintar una sonrisa en ese rostro habitualmente triste.

A veces Pucho se acercaba a su madre y tímidamente le tocaba un brazo o rozaba la mejilla con la punta de sus dedos finos. Luisa, su rostro vacuo y su mirada fija en la pared descascarada, no parecía estar viva. Ni respondía ni lo miraba. Una vez, ocasión que Pucho grabó en su memoria como si hubiera sido marcada con un hierro candente, ella le aferró la mano, lo miró a los ojos y con lágrimas en los suyos le dijo, "Perdoname Pucho, algun día tu vida será mejor." Sin otro comentario soltó su mano, volvió su cara y evitó su mirada una vez más. Esa frase lo confundió pero le dio esperanzas. El contacto de esa mano fría, áspera y huesuda y esa inusual demostración de sentimientos por parte de su madre, habitualmente tan taciturna e indiferente, hicieron que su corazón diera saltos de alegría y se repitió a sí mismo, "Mi madre me quiere". Escalofríos de emoción recorrieron su cuerpo como si hubiera sido tocado por una corriente de amor al que no sabía cómo responder. Mucho tiempo después el resonar de esa frase volvía a su memoria y él se aferraba a ella, por temor a olvidar la entonación de cada sílaba, el tono de voz de su madre. En su afán de creer en la existencia de un mundo mejor que aquel que él conocía, esas palabras eran la confirmación de que su vida, tal como había sido hasta ahora, algún día terminaría. Nunca entendería sin embargo por qué su madre le pidió perdón.

El paso del tiempo sin embargo, no trajo los cambios con los que Pucho soñaba. Ramón tomaba cada vez más. Las botellas de grapa rodaban vacías por el suelo y se acumulaban más rápido de lo que Luisa lograba recojerlas. Ramón no sólo mantenía su silencio habitual, peor aún, su violencia se desataba más a menudo y por cosas cada vez más insignificantes. Cuando Pucho lo veía tomar un vaso tras el otro, sentado con las piernas entreabiertas, chinelas sucias, despeinado y maloliente en su camiseta agujereada, huía al campo, donde se refugiaba hasta que Ramón caía inebriado en un sopor del que despertaba enfermizo y cubierto de vómito. Luisa, cada vez más pálida, cansada y callada, limpiaba al hombre y lo trataba con el temor y cautela de los que saben que una palabra o gesto malinterpretados les cuesta un arrebato de violencia.

Los días y semanas parecían transcurrir en un ciclo de silencio, alcoholismo y brutalidad. La noche trágica que culminó en la muerte de Luisa había empezado como tantas otras en esa casucha pobre en el medio del campo. Luisa había vuelto de la casa de los patrones cansada, agotada por las tareas que parecían no tener fin. Pucho había esperado como siempre en silencio. Pero Ramón ya había tomado varias cañas antes de llegar. Al entrar irrumpió en un bombardeo de palabrotas incoherentes que acusaban a Luisa de las más terribles obscenidades que Pucho hubiera escuchado jamás. Luisa optó por ignorarlo y se mantuvo cabizbaja frente a las ollas. Ramón por su parte, sucio e impregnado por la fetidez del alcohol y sudor, acompañaba cada injuria con otro vaso de alcohol, y los insultos, explosiones irracionales de odio, eruptían de su boca como la lava de un volcán incontenible. Pucho se mantuvo contra una pared, parcialmente escondido por una mesa de madera carcomida por los años de uso. La furia de Ramón era tal que Pucho tenía la certeza de que en cualquier momento él iba a ser víctima de un arrebato de golpes. Luisa prendió el primus y colocó sobre la llama la olla con unas pocas verduras. Su cara no tenía expresión, sus ojos estaban hundidos en la concavidad de su cara, sus labios eran una línea, una raya a lápiz en un rostro color sepia. Sin embargo, Pucho distinguió en ese ser que parecía haber aprendido a ignorar los insultos y agravios, un breve temblor en las manos, un apretar de los labios y una nube transparente sobre esos ojos marrones siempre secos.

"¡Puta mujer, me engañaste!," le gritó Ramón, al mismo tiempo que en su odio enceguecido trituró el vaso de alcohol que sostenía en su puño. Pedazos de vidrio se desparramaron por el piso polvoriento y mezclaron con barro, sangre y alcohol. Como lanzado por un fogonazo de ira, se avalanzó sobre Luisa que hasta ese entonces había logrado ignorarlo. Monstruo irracional poseído por una fuerza incontenible, oprimió sus manos alrededor de su cuello y la sacudía como a una muñeca de trapo al mismo tiempo que sus manos se cerraban cortándole la respiración. Los brazos de la pobre mujer aleteaban como los de un animal moribundo y en uno de esos movimientos volcó la olla y el primus. El agua hirviendo se derramó sobre las piernas de Ramón que gritó de dolor y soltó bruscamente a Luisa quien perdió el equilibrio y cayó de espaldas semisentada entre sillas desparramadas, las piernas entreabiertas, los nudillos enrojecidos por la fuerza con la que se sostenía en forma precaria. Su rostro impasible, poseído de una determinación que Pucho no había evidenciado jamás, se tornó hacia su hijo y mirándolo de frente, desafiando al hombre que le iba a causar su muerte, gritó, "¡Escapá Pucho!"

Al recibir tal orden y apoderado de un temor que le dio fuerzas, Pucho, testigo involuntario de un crimen, salió de su escondite y esquivando las llamas que tomaban proporciones imposibles de controlar, saltó a través de la ventana a su libertad. Corrió hacia "La Mansión" y cuando agotado cayó sobre el pasto, miró hacia atrás y sólo vio enormes llamas que envolvían lo que había sido su casa y pedazos de pared que se derrumbaban y consumían por ese fuego que incineró a su madre junto al hombre y el alcohol que le truncaron su existir.

LOS GATOS

Todos los atardeceres, cuando el murmullo ininteligible de voces reemplazaba el ruido ensordecedor de motores, bocinazos y gritos de niños, salía la vieja. Cubierta por ropas oscuras, rotas y manchadas, el pelo gris en desorden le cubría parcialmente el rostro que nadie conocía. Sus pies, metidos dentro de chinelas gastadas, arrastraban su cuerpo emaciado que se deslizaba lentamente hasta la vereda. Como una caricatura añadida a una pintura creada por otro artista, su figura contrastaba con la homogeneidad de lo que la rodeaba. Pero ella era indiferente a sus alrededores. Se paraba en medio de la calle ahora vacía y comenzaba su ritual diario. "Mish, mish, mish" llamaba, "Ps, ps, ps", y desde callejones, recovecos y escondites aparecían los gatos. Se dirigían hacia ella con paso rápido y ágil, esquivando tachos, deslizándose por debajo de autos, saltando sobre los obstáculos que encontraban entre ellos y su meta como atraídos por una fuerza magnética. Maullando y refregando sus cuerpos flacuchos contra sus piernas la seguían hasta el fondo de su casa donde los alimentaba con trozos de carne y sobras varias que extraía de un balde de lata que tenía a su lado. Rodeada por los animales sonreía complacida. Los gatos comían vorazmente ronroneando con entusiasmo y creando una melodía rítmica que desaparecía cuando satisfechos se relamían y entraban a la casa donde se apoderaban de las habitaciones y reinaban con total abandono y libertad.

La gente del barrio observaba desde una distancia prudente a esa vieja sucia y descuidada alimentando decenas de animales vagabundos con los que ella parecía tener una relación especial. Aunque su presencia les resultaba repulsiva no creían ser capaces de hacer nada al respecto y se limitaban a compartir sus opiniones, hasta que uno de los vecinos concluyó que la vieja y sus gatos eran no sólo una molestia sino también un peligro para el vecindario. Convenció a todos los que estaban listos a escucharlo de la existencia de tal riesgo y así solidificó su misión. La aversión y el temor se transformaron en una cruzada. Tras varias llamadas anónimas y numerosas quejas, un coche con matrícula policial y un camión repleto de empleados del ministerio llegaron al barrio una mañana lluviosa y nublada de otoño. Un hombre con traje gris arrugado y una mujer que intentaba abrir un paraguas negro golpearon a la puerta de la casa de la vieja. Ella entreabrió la puerta que crugió con un sonido similar al del maullido de un gato y miró a los extraños con desconfianza. El hombre del traje gris extrajo un papel del bolsillo de su chaqueta, lo desdobló y humedecido por las gotas de lluvia se lo presentó a la vieja quien mantuvo su mirada en el hombre sin extender su mano. La mujer del paraguas negro, furiosa ante la ineptitud de su colega y su dificultad en abrir el paraguas, le sacó el papel de la mano y se lo acercó a la vieja intentando meterlo a través de la rendija detrás de la cual ella permanecía impasible. Al no obtener respuesta, la mujer, frustrada por la mojadura que ahora le estaba arruinando sus zapatos de taco marrón, atrajo el papel hacia sí y lo leyó en voz alta. Mientras tanto, cinco hombres en overalls sosteniendo largas mangueras de goma con una mano y tanques para fumigar en la otra, se bajaron del camión y cercaron la casa. Rodeada por intrusos, la vieja trancó la puerta y se aseguró de que todas las ventanas estuvieran cerradas y las persianas bajas. El hombre del traje gris y la mujer del paraguas negro se miraron con incredulidad. Tras tocar timbre y golpear la puerta varias veces más sin resultado, el hombre tomó el papel y tras doblarlo en cuatro, se agachó y lo pasó por debajo de la puerta. La mujer se alejó dejando al hombre a la intemperie. Una vez dentro del auto, su paraguas mojado entreabierto sobre el asiento del hombre, la mujer hizo una señal a los hombres en overall quienes formaron una fila monocromática y como hormigas que vuelven al hormiguero, entraron al camión y emprendieron el regreso.

Cuando dejó de oír el ruido de los motores, la vieja entreabrió una de las cortinas de lo que una vez había sido un comedor lleno de voces y risas y dejando ver la punta de su nariz fina y parte de un ojo marrón entrecerrado por una párpado arrugado escudriñó la calle en todas direcciones. Segura de que todos se habían ido recorrió las habitaciones y miró con nostalgia los objetos que conocía de memoria. Ni siquiera vio el papel mojado que asomaba por debajo de la puerta. Al atardecer emergió de su refugio y sosteniendo el balde con dificultad procedió a llamar a los gatos que conocedores de su rutina, reaparecieron como de costumbre. Olvidó todo lo acaecido por varios días, hasta que una tarde, cuando estaba aprontándose a salir para alimentar a los gatos, vio llegar una procesión de vehículos entre los cuales figuraban varios autos policiales, camionetas y autos del ministerio y un camión de bomberos. Esta vez los hombres en overall se habían armado de redes también. Estaban determinados a no repetir el error que habían cometido el hombre del traje gris y la mujer del paraguas negro varios días atrás. Llamaron a la puerta varias veces y al no recibir respuesta irrumpieron en la casa luego de forzar la cerradura con sus poderosas herramientas. Fueron recibidos por decenas de felinos hambrientos que se paseaban por los muebles polvorientos y por un nauseabundo olor a orina. Sillas cubiertas por trapos que podían alguna vez haber sido ropas, se mezclaban con diarios amarillentos tirados por los rincones y feces de gato. El olor era tan repugnante y ofensivo que obligó a los hombres a cubrirse la boca y nariz con sus mangas, pañuelos o simplemente con el dorso de sus manos para poder adentrarse. Varios salieron rápidamente a la vereda para tomar grandes bocanadas de aire y con la excusa de atrapar a los gatos que estaban en proceso de huir y a los otros que estaban llegando, restringieron su tarea a donde podían respirar sin mayor dificultad. Los más devotos a su misión de purificar la guarida se distribuyeron en pares y sumergieron por los adentros de la casa recorriendo corredores a oscuras, abriendo puertas y pisando papeles, correo que nunca fue abierto, latas, restos de comida irreconocibles, mientras que trataban de pillar a los gatos que más astutos y rápidos que ellos se escabullían entre el caos y la mugre. En vano llamaron, "Doña Sara, ¿dónde está?," sin recibir respuesta a pesar de que las voces intentaban sonar convincentes y no amenazadores. "Señora, no se asuste, pero nos tenemos que llevar a los gatos, hubo una denuncia. Los animales son un peligro público. Por favor acérquese, tiene que venir con nosotros a la comisaría." Todo fue inútil, la vieja no se dio por aludida. Cuando se hartaron de buscarla, debieron contentarse con atrapar a los gatos que no habían logrado huir y los encerraron en el camión. Los maullidos de los animales asustados y furiosos llenaron el silencio del barrio donde varios vecinos se congratulaban al mirar con satisfacción el final de lo que era ajeno a ellos. Carteles designando a esa residencia un peligro sanitario fueron clavados al azar en la tierra seca. Al anochecer, la casa vieja a oscuras con persianas que necesitaban ser pintadas, estaba cercada por una cinta policial semicubierta por arbustos crecidos y desparejos. Esa noche no se oyeron maullidos.

Eusebio Fernández Moral leyó con interés el informe acerca del caso "Gatos" y consideró por un instante la ridiculez del asunto. Para él, hombre despreciativo de lo sentimental y no particularmente amante de los animales, la imagen de una vieja alimentando y albergando decenas de gatos era simplemente repugnante. De acuerdo al reporte que sostenía entre sus manos, a varios centímetros de su camisa almidonada como si temiera ser contaminado, una vez que los gatos más enfermos fueran eliminados, los demás serían transportados a la sede más cercana de la Sociedad Protectora de Animales para ahí esperar adopción. Él hubiera preferido que todos fueran exterminados, pero, era necesario seguir el protocolo y él lo haría aunque no estuviera de acuerdo. Según las reglas que él seguía al pie de la letra, la casa debía ser inspeccionada una vez eliminada la fuente de posible contaminación para así concluir el expediente que presentaría en el juzgado. La vieja seguramente terminaría o en la cárcel o en el manicomio, él recomendaría lo último aunque nadie le había preguntado su opinión tan temprano en el proceso. Agregó el expediente más reciente al resto de los informes que formaban una columna perfecta sobre el ángulo superior derecho de su escritorio de madera lustrada y vació el cenicero de bronce en el tacho de basura forrado con una bolsa de material reciclable. El día de trabajo estaba por concluir y a las dieciocho horas en punto firmaría reloj y caminaría sin distraerse hasta el apartamento vacío que una vez había compartido con su mujer. Recordó el proceso que terminó en divorcio, con las peleas, recriminaciones y en su opinión las falsas acusaciones de su esposa y se alegró de no tener ya nada que ver con ella. Estaba levantándose de su silla de respaldo recto que armonizaba con el escritorio, cuando fue interrumpido por uno de los empleados quien le informó que la inspección de la casa del asunto "Gatos" iba a necesitar ser diferida debido a la disminución de personal disponible. Una huelga inesperada por tiempo indeterminado iba a restringir seriamente la capacidad de completar los proyectos a tiempo. Frustrado por su impotencia ante tales circunstancias, sintió una oleada de furia por la irresponsabilidad que demostraban los empleados, pero acostumbrado a controlar sus emociones no dio señal alguna de su ira y asintió indicando así su entendimiento de los hechos. Mientras se alejaba del edificio en el cual había trabajado por los últimos veinte años, la cabeza recta y en alto, consideró sus opciones. Era inaceptable dejar expedientes abiertos por semanas o meses, él no toleraba la ineficiencia. A pesar de que habitualmente no inspeccionaba los domicilios que eran objeto de quejas o denuncias, decidió que su único recurso era completar el trabajo por sí mismo. Por lo menos podría demostrar a sus superiores que él tenía una dedicación al trabajo que los demás no mostraban. Eso le traería conflictos con algunos pero poco le importaba, él nunca fue uno de dejarse llevar por los sentimientos ajenos. De acuerdo a lo que había leído esa tarde, lo único que faltaba para completar la investigación en el caso "Gatos" era una revisación final para corroborar la exactitud de lo documentado el día de la captura de los animales. A no ser que los dueños, en este caso la dueña, se presentara a la oficina dentro de un período de tiempo establecido en la carta que fue entregada en persona, un proceso legal largo y tedioso comenzaría a tomar su curso pudiendo terminar en la demolición de la vivienda. Cuando entró a su apartamento admiró el orden y pulcritud que lo rodeaban y una vez más se alegró de no tener que compartir eso con nadie. Luego de leer su calendario de actividades para el día siguiente, concluyó que sería prudente investigar la casa esa noche. Si lograba concluir ese trabajo en una o dos horas, podría terminar el reporte en la mañana cuando la oficina estaba parcialmente vacía. Sin titubear y sin siquiera sacarse el saco se puso en camino a la casa de la vieja.

No le fue difícil encontrar el barrio, era uno de tantos que albergaba familias de lo que algunos insistían en llamar "clase media", casas de cincuenta a ochenta años promedio, paredes grises de cemento, persianas blancas, modestos jardines que eran a menudo arruinados por adolescentes que obtenían una satisfacción perversa en destruir las flores que otros se afanaban en cuidar. Reconoció la casa en cuestión de inmediato, el cordón policial la delataba. Dos faroles ubicados en cada esquina de la cuadra, uno de ellos con el vidrio roto y las luces que se iban encendiendo en las casas, le indicaron el camino hacia la puerta de entrada. Pasó por encima del cordón, esquivó yuyos crecidos y arbustos secos y se dirigió hacia la puerta caminando con cuidado sobre baldosas quebradas. Tras asegurarse de que tenía su tarjeta de identificación plastificada en el bolsillo izquierdo de su chaqueta, tocó timbre. Esperó varios segundos y al no recibir respuesta intentó abrir la puerta. Para su sorpresa, lo hizo sin dificultad. Al parecer ninguno de los funcionarios había pensado en la lógica de cerrar la puerta al retirarse, se dijo. Un olor repulsivo y nauseabundo le produjo arcadas y se tapó la boca con un pañuelo que siempre llevaba en el bolsillo derecho del pantalón. Mientras sostenía el pañuelo con la mano izquierda, con la derecha buscó una luz a tientas. Sólo logró que se encendiera una bombita de baja intensidad dentro de un plafón de vidrio opaco y tallado. La pieza tomó ahora un color turbio, sepia, el polvo y la humedad mezclados le daban un aspecto cavernoso. Miró a su alrededor y comprobó que lo redactado en las páginas del informe era una descripción correcta de lo que lo rodeaba, aunque al percibir los olores y el desorden la realidad le resultó espantosa. Entre feces de animales y orina seca sobre lo que alguna vez fue un piso de parquet, vio papeles desparramados, hojas de diarios y latas abiertas con trozos de comida pegada a los lados. En los rincones y sobre las sillas que rodeaban una mesa ovalada de madera oscura, centenares de sobres sin abrir, evidencia de correo que nunca fue leído, se mezclaban con diarios amarillentos. Permaneció inmóvil por varios minutos sobrellevado por la imagen que estaba presenciando al punto que pareció olvidar el olor que le había causado náuseas. Cuando inhaló otra vez ese aire fétido, se dirigió velozmente a la ventana, levantó la persiana y la abrió de par en par aspirando con fuerzas una bocanada de aire fresco. Pensó que sus subordinados iban a tener trabajo por meses hasta poder hacer orden en esa casa, si no era demolida, lo que probablemente sería lo mejor. El municipio no podía permitir el uso de ese tugurio como vivienda. Pero, refleccionó, él no había venido para dejarse llevar por conjeturas, sino para hacer una revisión de lo que los otros habían descrito, comprobar que la vivienda estaba vacía y hacer el sumario que pasaría a sus superiores para así seguir el proceso habitual. Ahora debía inspeccionar cada habitación, lo que calculaba no iba a demorar más de unos minutos y luego se iría a su apartamento. La imagen de su casa, limpia y en orden lo hizo sonreír. Con dificultad atravesó el comedor y llegó a la cocina donde no vio nada que no había anticipado: latas semiabiertas, algunos platos con comida pegada acumulados en una pileta manchada, una heladera con manija rota que tenía una botella de leche agria y queso fermentado. Ese lugar era claramente insalubre. Pensó que la mujer que había sido identificada como la causante del problema debía ser una intrusa, alguien que se apoderó de esa vivienda aprovechando de la ausencia de sus dueños, o algo así. Su teoría le pareció interesante aunque rápidamente debió aceptar que de ser correcta en este momento habría por lo menos una persona, si no una familia que estarían reclamando esa casa. Sacudió su cabeza semipelada y se rasqueteó la barbilla en actitud contemplativa. Esa hipótesis no tenía sentido, se dijo. Logró irritarse consigo mismo por perder tiempo en hipótesis obsoletas. Su trabajo era concreto y lo haría rápido y bien. Al completarlo se olvidaría de todo lo que vio y no permitiría que su imaginación divague. Sólo la dedicación al trabajo y la objetividad le importaban, estaba convencido que las fantasías traían la ruina a la gente. Con determinación recorrió el resto de la planta baja que incluía una sala de estar con muebles cubiertos de polvo y un patio en el que había varios baldes, los que seguramente eran usados para alimentar a los animales. Una escalera de madera con baranda de metal descascarado lo condujo a la planta alta donde no vio nada de particular interés. Encendió la luz que lo guió por ese sector de la casa e inspeccionó velozmente un baño donde el toilet tenía el aro de plástico quebrado, la bañera estaba llena de papeles y recortes imposibles de descifrar y el techo tenía manchas de humedad que cubrían casi toda su superficie. Había dos habitaciones con la puerta entreabierta, una de las cuales, dedujo, era el dormitorio de la vieja. La luz tenue iluminó una cama de dos plazas sin hacer, ropa tirada y una cómoda sobre la que había algunos objetos que no pudo distinguir con exactitud, pero que no creyó fueran de importancia, por lo tanto siguió hasta la otra pieza donde no vio más que un escritorio sobre el que había una máquina de escribir de esas que ya nadie usaba, una silla de fórmica, un sillón de tela gastada contra una pared y varias bibliotecas a las que no le prestó atención. Camino hacia la escalera vio otra puerta, pero como estaba trancada concluyó que era un depósito. Convencido de que iba a encontrar más excremento y basura decidió no forzarla y terminar su inspección.

Cuando llegó al final de la escalera y se encontró frente a la entrada al living le llamó la atención el piano vertical de madera lustrosa que contrastaba con el estado decrépito del resto de los muebles. Olvidó por un instante que había decidido irse y se acercó al instrumento. Levantó la tapa y tocó varias notas sobre teclas amarillentas y hundidas. Él no sabía ni le interesaba la música, pero el aspecto brillante de la madera fue una invitación que no pudo resistir. Al levantar su visión del teclado, su mirada fue interrumpida por varias fotografías. Al igual que el piano su aspecto inmaculado contrastaba con el resto de la casa. Sobrellevado por la curiosidad tomó entre sus manos la que parecía haber sido tomada primero. La fotografía en blanco y negro bordeada por un marco de plata tallada, mostraba a una pareja y una niña de unos cinco años sosteniendo un gato a rayas con las patas traseras extendidas y la boca abierta, probablemente emitiendo lo que ellos escucharon como un maullido. El hombre vestía una camisa con cuello sin abotonar y pantalón con botamanga y tenía el brazo izquierdo apoyado sobre el hombro de la mujer y la mano derecha sobre el de la niña. La mujer, el pelo ondeado y corto, tenía puesto uno de esos vestidos estampados sin mangas con pollera amplia que no se habían visto en más de treinta años.

Sonreían a la cámara en lo que parecía haber sido un buen momento. Con cuidado la puso en el mismo lugar donde la había encontrado. En la siguiente, aparentemente tomada algún tiempo después, la misma pareja abrazaba a la niña, ahora con aspecto escolar y la mujer sostenía en sus brazos un bebé. Un gato, probablemente el mismo que vio en la foto anterior, estaba acurrucado sobre la falda de la niña. Las otras dos fotos mostraban dos niños en dos etapas distintas, en una se los veía sentados en un banco de plaza, el varón con los brazos en alto sosteniendo un juguete que le tapaba parcialmente el rostro y la niña con una muñeca bajo un brazo y un gato que trataba de escapar bajo el otro. En la otra, los niños corrían por la arena, baldes en mano, evidentemente riéndose. Por un instante Eusebio sintió simpatía y una tristeza inexplicable por esa familia, probablemente los ocupantes originales del despojo donde él se encontraba ahora. Se preguntó dónde estaba esa gente, pero se esforzó en recuperar su objetividad lo que logró sin mayor dificultad. Se convenció de que eso no tenía ninguna importancia para el trabajo que debía completar, apagó las luces y con paso rápido se fue.

Al día siguiente cuando tuvo frente a sí el informe se percató de que no había hecho el inventario de las pertenencias que necesitaban ser enumerados bajo el rubro "Objetos Personales" lo que le produjo enorme frustración. Enojado consigo mismo por su ineficiencia, optó por usar la hora normalmente asignada para su almuerzo para volver a la casa y hacer el trabajo que no había terminado. Usaría su apetito para aprender una lección valiosa, no cometería errores la próxima vez. Mientras veía avanzar los minutos atascado en el tráfico del mediodía, no pudo evitar sentir una mezcla de ira y nerviosismo. A consecuencia de la tarea que tenía frente a sí y el tránsito que encontraría al regreso todo su día estaría arruinado. Su único plan era volver a la oficina y de allí a su casa, pero no toleraba tener cambios en su rutina.

Esta vez llegó al barrio pasado el mediodía, cuando algunas amas de casa barrían las veredas mientras conversaban con una vecina, otras recién volvían de la feria cargando sus bolsas llenas de verduras y otras sacudían las frazadas contra las paredes donde ventanas abiertas permitían entrever la intimidad de una sala, un dormitorio. Evitó las miradas curiosas de las mujeres que interrumpieron sus actividades para concentrarse en el extraño que con paso seguro se dirigía a la puerta de la casa donde ellas nunca habían entrado. Una de ellas sin embargo, más audaz que las demás, o quizás más curiosa, mientras mantenía la escoba paralela a sus curvas y se apoyaba en ella hundiendo la paja en la vereda le dijo en voz alta, "Buenas don, lindo día ¿no?" Eusebio, que prefería evitar conversaciones innecesarias, miró a la mujer de reojo y asintió con la cabeza sin detenerse. Empujó la puerta pero para su sorpresa estaba trancada. Luego de varios intentos se encontró en una situación altamente ridícula. Observado por un grupo de mujeres que ahora esperaban su reacción, se sintió fracasado y frustrado. No había completado su trabajo la noche anterior, no había tenido su almuerzo de caldo y sandwich de jamón cocido, había sido demorado por el tráfico y ahora encima de todo tenía que aceptar que no podía entrar a la casa porque seguramente al salir la noche anterior y a consecuencia de haberse distraído mirando fotos que no tenían ninguna importancia, trabó el portón en el apuro. Furioso consigo mismo, rojo en la cara y con los puños cerrados, hizo un gran esfuerzo para tranquilizarse y así no mostrar a su inesperado público el estado de sus emociones. A punto de calmarse y mientras contemplaba sus opciones, fue interrumpido por la voz de la mujer de la escoba. "No hay nadie en la casa, don. ¿Usted viene del Municipio?. Aquí estábamos hablando de lo bien que hicieron en llevarse a esos gatos sarnosos. ¿Y qué nos dice de la vieja?"

Eusebio no estaba convencido de la utilidad que le proveería hablar con mujeres que no parecían estar haciendo nada productivo, pero dadas las circunstancias accedió a hacer una pregunta. "¿Me podría decir por favor dónde se encuentra la dueña de casa?," intentó averiguar mientras se alejaba de la puerta y acercaba a la vereda donde varias mujeres parecían estar esperándolo. La curvácea que ahora apoyaba todo el peso de su amplio cuerpo sobre la escoba parecía ser la representante del grupo. Dio varios pasos hacia Eusebio, quien en forma refleja se inclinó hacia atrás tratando de poner distancia entre él y las mujeres.

"La dueña, lo que se dice "la dueña" no sabemos dónde está. Ahora, si nos está preguntando por la vieja, bueno, eso es distinto. Pero, tampoco sabemos dónde se metió. Seguro que anda por algún baldío alimentando gatos muertos de hambre."

Esa contestación le era totalmente inútil, y él no tenía tiempo para perder. "Señora, yo estoy buscando a una tal doña Sara. ¿Esa es la mujer que usted identifica como "la vieja"? "Debía aparecer respetuoso de la aparente residente del lugar, sin demostrar su repulsión por la casa y por la vieja. Ahora la mujer cincuentona, flaca y arrugada que acarreaba la bolsa de verduras con dificultad se acercó al grupo e inició una respuesta antes que las otras tuvieran oportunidad de contestar.

"Mire señor, doña Sara se fue de esta casa hace muchos años. Ella y el resto de la familia. No vimos a nadie por mucho tiempo, hasta que un buen día se apareció una vieja con aspecto raro y unos gatitos."

Eusebio temía que esas mujeres con sus comentarios irrelevantes iban a hacerle perder horas de su precioso tiempo. "Le agradezco por esa información, pero lo que yo realmente necesito es entrar a la casa para completar el trabajo," les informó en el mejor tono de amabilidad que forzó de sus adentros con la esperanza de que el asunto terminara pronto.

"¿Se fijó si la puerta de atrás quedó abierta?," preguntó la del delantal rojo a cuadros que barría la vereda con la de las amplias curvas. Eusebio les agradeció por la información y el tiempo que le dedicaron a pesar de los quehaceres que tenían frente a ellas y rápidamente, antes que pudieran seguir hablando, se encaminó a la parte trasera de la casa por un camino angosto cubierto de yuyos crecidos y una cerca de alhambres donde el tejido roto dejaba grandes espacios abiertos de bordes irregulares. El fondo de la casa estaba en peor estado que el frente, si eso era posible. Los yuyos proliferaban y la basura parecía haberse desbordado desde el interior de la casa hacia afuera. Con cuidado esquivó latas y restos de comida y subió dos escalones de cemento con bordes gastados. La puerta, a través de cuyos vidrios sucios y manchados de gotas de lluvia y tierra brindaba una vista parcial de la cocina, estaba efectivamente abierta. Dispuesto a terminar su trabajo y consciente de que a consecuencia de los inconvenientes del día no podría regresar a la oficina hasta que la mayoría de los empleados se hubieran ido a sus casas, suspiró resignado y pasó a completar la inspección. Con una libreta de tapas de cuero y un bolígrafo de tinta negra en la mano, comenzó a apuntar en orden alfabético la serie de objetos que tenía frente a sí y que iba encontrando al abrir los armarios. Nada parecía tener gran valor, o quizás él era incapaz de hacer una estimación adecuada dado el estado ruinoso en que se encontraban. Decidió trabajar en la planta baja primero. Aunque no quería admitirlo tenía deseos de ver las fotografías otra vez, ahora a la luz del día y con el conocimiento gracias a las vecinas, de que una vez en esa casa vivió una familia.

Una vez terminado el inventario en la cocina y el comedor, se dirigió hacia el living donde se enfrentó nuevamente con el piano lustroso. Se acercó al instrumento con cierta anticipación que no podía explicar, pero que por unos instantes le hizo olvidar el olor y suciedad. Esta vez sin embargo no vio las fotografías. Convencido de que era allí donde las había descubierto, miró rápidamente a su alrededor con la certeza de que alguien las había movido de lugar. Sospechó que la vieja estaba en algún lugar de la casa o había vuelto anoche cuando él se fue. Al darse vuelta reconoció los sillones que ya había visto, una lámpara de pie de bronce manchado y pantalla descolorida y torcida y estantes parcialmente vacíos cubiertos de polvo y adornos rotos, víctimas de gatos que los habían usado como trampolines. Por un momento se cuestionó qué sentía más necesidad de hacer, encontrar a la vieja o a las fotos y concluyó que si daba con una iba a encontrar a la otra. Pero, no quería enfrentarse con ella. Su convicción de que la presencia de esa mujer le resultaría repugnante lo forzó a olvidar su fugaz deseo de ver las fotografías. Recorrió con paso rápido el resto de la casa haciendo sus anotaciones en forma desprolija. Muy a su pesar debió admitir que se sentía nervioso e incómodo dentro de esa casa y que necesitaba irse lo antes posible. No toleraba ni cambios de planes ni emociones y ahora era enfrentado por ambos. Recurrió a su característico poder de control para terminar su lista e irse rápidamente. Echó un vistazo a la planta alta y garabateó una descripción de los dormitorios y el baño carente de detalles. Sabía que el trabajo era incompleto pero se convenció de que nadie le preguntaría si vio algo más o no y con la ansiedad de quienes piensan están siendo observados guardó su libreta en el bolsillo mientras bajaba la escalera de dos en dos y salió por la puerta del frente sin trancarla. Rápidamente se alejó mientras las vecinas se preguntaban qué lo obligó a irse tan de apuro que no pudo decirles qué encontró dentro de la casa de los gatos.

El camino de vuelta a la oficina lo transcurrió distraído, irritado consigo mismo por la actitud tan poco profesional que demostró minutos atrás. Se avergonzó por haberse dejado llevar por las emociones al punto de no completar el informe con la meticulosidad que lo destacaba y que siempre esperaba no sólo de otros sino sobretodo de sí mismo. Debería escribir el reporte de tal manera que nadie sospechara que escapó de la casa porque fue inundado por un ridículo nerviosismo. Después de todo, se dijo, la vieja no lo vio y ella no podía saber que la razón por la que él se acercó al piano fue para ver las fotos una vez más. Habiendo llegado a esa conclusión y convencido de su lógica, logró recuperar el control y procedió a completar el informe.

Cuando llegó a su apartamento el silencio y orden que lo rodearon le brindaron la tranquilidad que necesitaba. Lentamente preparó su cena, un bife tostado y ensalada y sentado a su mesa en silencio procedió a leer el diario. Pocos minutos después fue interrumpido por el sonido del teléfono que aunque apenas audible lo sobresaltó. Nadie lo llamaba con regularidad. Usaba el aparato en forma tan infrecuente que hasta había considerado deshacerse de él. La voz familiar de uno de los empleados de la oficina, uno de los pocos que no estaba en huelga, lo sorprendió. En tono mecánico y sin mayor interés le informó que la casa objeto del informe en el que estaban trabajando se había prendido fuego. No sabía cuántas pérdidas se habían sostenido, pero, considerando el aspecto calamitoso del lugar no creyó que fuera gran cosa. Además, la casa estaba vacía. Se disculpó por haber interrumpido su "tiempo con la familia" y estaba a punto de colgar cuando Eusebio, invadido por una ansiedad que no quería que el otro sospechara, le comunicó que no era imposible que la vieja estuviera aún allí y que debía hacerle saber a los bomberos de tal posibilidad. Al mismo tiempo que escuchaba su voz, que ahora parecía no pertenecerle, se decía para sus adentros que tal vez sería lo mejor si la vieja, sucia, sola y probablemente loca, se muriera. El otro, no estaba muy convencido de la razón por la que Eusebio había llegado a tal conclusión, pero conociendo su sentido de responsabilidad y falta de humor decidió que era prudente avisar a los bomberos de la probable presencia de una persona en la casa. Una vez terminada la breve conversación, Eusebio intentó retomar la lectura del diario y terminar su cena, la carne ahora tibia. Muy a su pesar no logró concentrarse y se preguntó cuál era su obligación en ese asunto. Concluyó que él había hecho todo lo que debía, incluso más se dijo, considerando que normalmente la inspección de los domicilios no era parte de su trabajo. Además, trató de convencerse, no había nada que él pudiera hacer de lo que el empleado no fuera capaz. Sin embargo no logró ignorar la inquietud que se había apoderado de él. En contra su mejor sentido común, se vio poner el saco y salir rumbo a la casa de la vieja sin saber por qué lo estaba haciendo.

Mientras estaba en camino se decía que debía regresar, ese era un acto impulsivo y por lo tanto inexplicable y sin razón, inútil y embarazoso. Al mismo tiempo, se repetía que necesitaba volver para encontrar algo que no sabía qué era. Cómo, se preguntaba, puede uno tratar de encontrar algo sin saber lo qué está buscando. Eso iba mucho más allá de lo que su lógica permitía. Buscaba una explicación pero no lograba romper el círculo formado por los hechos que él había construido: una vieja media loca, montones de gatos hambrientos, una casa venida a menos por la falta de cuidado y los animales que orinaban y defecaban con total libertad y un piano y unas fotos en un orden que sobresalían del resto. Cuando llegó a la casa el fuego había sido extinguido. El incendio había sido menos intenso de lo que el empleado le había hecho creer o él había imaginado. Varios vecinos curiosos volvían a sus hogares luego de presenciar un evento inusual en el barrio. Eusebio se estaba acercando a la casa y dudaba si entrar o no cuando fue interrumpido por el griterío ocasionado por la voz ronca de una mujer que era sacada de la casa por tres bomberos acompañados por personal de una ambulancia.

La mujer pataleaba y trataba de soltarse de las manos que la aferraban mientras gritaba "¡Suéltenme, esa es mi casa, devuélvanme mis gatos!" Los pelos grises le volaban en todas direcciones, la blusa y pollera en desorden, los pies descalzos. A pesar de la resistencia que ponía en ser sostenida y acarreada fue introducida aunque no sin dificultad en la ambulancia que partió de inmediato.

Eusebio contempló con curiosidad el aspecto de esa vieja que sabía de su momentáneo interés en la vida de la gente que una vez ocupó esa casa. La imagen de una persona tan dejada, abandonada y fuera de control le resultó desagradable. Miró alejarse a la ambulancia y se preguntó si había alguien que debía ser notificado de lo que había sucedido esa noche. Rápidamente dejó de lado esa duda y decidió entrar a la casa para recorrerla una vez más. Un bombero trató de impedirle la entrada pero él pudo convencerlo de la importancia que tenía su presencia allí y de lo breve que sería su incursión.

Ahora que tenía la certeza de que la casa estaba vacía fue directamente hacia el living donde el piano, al igual que lo había dejado horas atrás, no tenía nada sobre su superficie. Ahora humo y cenizas ocultaban el olor y el polvo que eran característicos de esa casa. En realidad, se dijo, no tenía ninguna razón para permanecer allí y podía dar por completada su misión. Aunque el informe no fuera perfecto ahora tenía menos importacia que antes considerando que el incendio, aunque relativamente mínimo, había dañado la propiedad aún más de lo que estaba. Quedaba por determinar el origen del incendio, accidente o sabotaje. Eso no era problema de él. Tal vez la vieja se durmió con un cigarrillo encendido, o no apagó una hornalla, supuso. Qué importa, se dijo con enojo, eso a mí no me concierne, me importa tres cominos de este asunto. En cuanto termine de ver si hay algo distinto en la planta alta me voy, decidió tras haber olvidado que ya debería haberse ido. No podía ver gran cosa, pero reconoció los dos cuartos que había visto el día anterior.

Esta vez sin embargo, vio que la puerta que no pudo abrir antes y que creyó que era un depósito estaba abierta de par en par. A pesar de la visibilidad limitada pudo distinguir una luminosidad proveniente de los muebles y adornos que era totalmente opuesta al resto de la casa. Inmovilizado por la sorpresa de lo que tenía frente a sí y antes de atreverse a entrar, exploró la pieza con su mirada. Con las manos apoyadas sobre el borde de la puerta, apenas inclinó la cabeza hacia adentro, desconcertado ante lo que veía. Parecía ser otro dormitorio, pero contrariamente a los que había visto antes, éste estaba no sólo limpio sino en orden.

Había dos camas cubiertas por colchas de varios colores, una en tonos pastel, la otra en rojos, azules y amarillos brillantes, una alfombra con diseño geométrico multicolor cubría el piso de parquet y llegaba a los bordes de dos escritorios ubicados en paralelo, donde libros y lápices parecían estar esperando ser usados por jóvenes estudiantes. Muñecas de trapo con trenzas de lana habían sido cuidadosamente sentadas y compartían el lecho con otras de porcelana y animales de fieltro. Sobre la otra cama barcos de madera y autos a cuerda parecían estar listos a emprender una carrera. Al lado de la ventana abierta y en un rincón, una mecedora de madera blanca se movía en forma apenas perceptible. Eusebio tuvo la sensación de haber entrado en otra casa, una que no tenía nada en común con la que él creyó haberse familiarizado.

Habiendo olvidado su decisión de retirarse del lugar y sobrellevado por la curiosidad, entró al cuarto. Titubeó y se esforzó en pisar levemente, como si temiera ensuciar algo puro y fuera de su alcance. Al lado de la mecedora y sobre una mesa de aspecto frágil con patas finas torneadas vio un alhajero de madera repujada con la llave puesta en la cerradura y reconoció las fotos que habían decorado el piano. Llevado por un impulso ajeno a su carácter, recogió las fotos, las colocó sobre la caja y con paso rápido y determinado bajó la escalera velozmente mientras las sostenía con fuerzas contra su cuerpo. Salió de la casa pasando al lado de un bombero quien no tuvo tiempo de preguntarle si había encontrado lo que buscaba.

Con la caja apretada bajo el brazo entró a su apartamento mientras se preguntaba si ahora era un ladrón y racionalizaba que simplemente quería ver qué contenía el cofre y probablemente nadie notaría su ausencia. Llevó su botín hasta su escritorio donde lo colocó con cuidado. Lo observó como si el objeto pudiera hablarle y dio varios pasos hacia atrás antes de darse media vuelta y dirigirse a la cocina donde por fin pudo sentarse a comer sin ser interrumpido. Se convenció de que no necesitaba abrir la caja, lo haría en otro momento. Su comportamiento de los dos últimos días era vergonzoso y no debía repetirse. Su fuerza de voluntad, de la que estaba orgulloso, podía controlar emociones e impulsos no sólo innecesarios pero también contraproducentes. Leyó el diario, miró el noticiero de última hora y se fue a dormir a su cama forrada de sábanas perfectamente estiradas y planchadas, solo y en silencio.

Al mismo tiempo que Eusebio se fugaba de la casa con un alhajero y fotografías que no le pertenecían por razones que ni él mismo podía entender, la vieja era conducida a un sanatorio psiquiátrico, a los gritos, luchando contra los que intentaban sostenerla e impedir su escape de la ambulancia que viajaba a gran velocidad. El correr de los días transformó su ira en un silencio total, un mutismo que nadie podía quebrar y que muchos creían era intencional. Ni las buenas maneras de la asistente social, ni el trato más serio de los médicos lograron que hablara, o que tan siquiera los mirara a los ojos cuando ellos le dirigían la palabra. Se mantenía impenetrable, inmóvil, sentada donde la pusieran. Se dejaba transportar sin ofrecer ninguna resistencia. En forma pasiva permitía que la bañaran, vistieran y peinaran. La transferían de una silla a otra, de la mesa del comedor a la sala donde el televisor transmitía imágenes incoherentes a toda hora, de ahí a su cama donde la enfermera de turno envolvía sus piernas delgadas con sus brazos y las estiraba sobre el colchón. Todas las mañanas la encontraban en la misma posición en la que había quedado la noche anterior. Nadie sabía si había dormido o no, ella mantenía los ojos cerrados. Si soñaba o con quién soñaba era un total misterio. La búsqueda de familiares o conocidos que pudieran ayudar con información fue inútil. Cuando la llamaban por su nombre, "Sara, doña Sara, ¿cómo está hoy?," tampoco respondía, como si no lo reconociera como el suyo. Exámenes médicos no lograron aclarar nada tampoco. Como no era una paciente que requería mayores cuidados y no causaba ningún disturbio, con el paso de los días y semanas el personal se fue olvidando de ella. Todo intento de establecer una relación, toda demostración de interés por su bienestar o hipotético dolor, fue gradualmente desapareciendo hasta que las ayudantes de enfermera le daban sus baños y sentaban en una silla donde permanecía hasta que la trasladaban a otra silla o a su cama. Le dejaron de hablar y ya ni la miraban. Era una muñeca vieja que ocupaba un lugar pero a la que ya nadie veía. Su mirada perdida en la distancia, sus manos inmóviles sobre su falda, sus labios finos entrecerrados, se iba marchitando sin que nadie pareciera notarlo. Se fue desvaneciendo entre los ruidos y voces que la rodeaban, un ser invisible.

El informe sobre el asunto "Gatos" fue completado y entregado antes de que terminara la huelga. Como era de esperar, Eusebio detalló el estado de la propiedad y de lo que había encontrado en su interior, excluyendo cuidadosamente los objetos que ahora tenía en su poder. Había vuelto a su rutina sin mayor dificultad. Fue capaz de transformar la caja y fotografías en parte de lo que lo rodeaba mientras que las ignoraba, como si se hubieran fusionado con sus pertenencias. A veces, cuando por breves instantes sentía una fugaz y molesta soledad, miraba la caja con curiosidad y aprehensión. Su mano parecía querer acercarse a ella y abrir esa cerradura, pero su fuerza de voluntad le impedía hacerlo. Por fin un día, varias semanas después de haberse apoderado de ella, decidió abrirla. La decisión no fue hecha por razones sentimentales, se dijo, por el contrario, lo hizo porque su raciocinio lo obligó a aceptar que tenía algo que no le pertenecía y no podía arriesgarse a ser acusado de haber robado, aunque esas nunca habían sido sus intenciones. Supuso que encontraría alguna joya, quizás algún documento relacionado con asuntos ya inexistentes. A lo sumo, pensó, habría una carta de amor, de esas que les gusta guardar a las mujeres. Hizo una mueca y sonrió al mismo tiempo que sintió pena de sí mismo. Como si yo supiera de eso, se dijo con ironía. Sentado a su escritorio, abrigado en su salto de cama de franela y con el cuarto a oscuras con excepción de la lámpara que iluminaba la superficie donde había apoyado el cofre, lo tomó entre sus manos como si temiera que escapara y lo acercó hacia su cuerpo. Por un instante pensó qué debería hacer si encontraba algo de valor. Iba a necesitar crear alguna historia para poder devolver lo que encontrara sin levantar mayores sospechas. Pero no tenía ni idea qué podría inventar. ¿Cómo fue posible que actuó en forma tan impulsiva e irracional? ¿Cómo pudo ser tan irresponsable? se preguntó. Ahora, con la caja esperando ser abierta, no tenía otra opción que mirar lo que contenía y deshacerse de ella. Temió que se estaba transformando en uno de esos niños mentirosos que siempre había despreciado cuando iba a la escuela. Su fragilidad le resultaba enfermiza, se despreciaba al verse débil, fuera de sí. Su mano derecha dio varias vueltas a la llave pequeña que parecía no responder a su forma de manipularla, hasta que cedió y cayó sobre la mesa. Con cuidado y lentamente levantó la tapa. Incrédulo miró lo que había dentro. Un montón de recortes de diarios, amarillentos y meticulosamente doblados fue lo único que encontró.

Con delicadeza levantó el primer recorte, un pequeño trozo de papel escrito en un idioma que no podía descifrar. Trató de buscar una fecha, pero no la encontró. Los siguió recogiendo de a uno y poniendo en orden sobre su escritorio, como quien está por formar un collage de imágenes. Algunos de ellos consistían en media página doblada en la mitad, otros medían apenas unos centímetros. Por fin encontró uno en español. Se sentó, los codos apoyados sobre la mesa, el papel casi rozando su cara. Ese artículo había sido escrito veinte años atrás. La primera lectura la hizo tan rápido como era capaz de leer, necesitaba satisfacer su curiosidad. A medida que iba conociendo los detalles del evento era invadido por una sensación de tristeza y lástima. Se sacó las gafas e inclinó hacia atrás en su silla que cedió bajo la presión de su espalda. Aún sosteniendo el pedazo frágil de papel miró en la distancia como si quisiera imaginar la escena descrita en esas pocas frases. Se volvió a colocar los lentes y esta vez leyó despacio, como si el significado de los hechos pudiera ser alterado por la velocidad de su lectura. Entonces leyó: "Nuevo atentado terrorista cobra la vida de un padre y dos hijos. Una bomba detonó dentro de un vehículo estacionado enfrente a la residencia de un miembro del Gabinete. Familia que estaba por cruzar la calle fue la última víctima del grupo que aceptó responsabilidad por tal crimen." Leyó nuevamente que la esposa y madre de las víctimas se salvó por lo que algunos dijeron era un milagro. Al parecer y de acuerdo a testigos, la mujer, quien iba caminando con su familia, decidió regresar porque los niños insistieron que un gato o gatos habían quedado fuera de la casa y temían que fueran a escapar. El inesperado cambio de planes le salvó la vida. La mujer, que se iba alejando, fue sorprendida por el intenso estruendo y se dio vuelta. Al hacerlo fue testigo de la detonación de la bomba y destrucción de su marido e hijos. A consecuencia fue afectada por un gran choque emocional y tuvo que ser físicamente contenida para evitar que cayera sobre las llamas, trozos de metal y otros escombros que llovían desde los aires mezclados con pedazos de brazos y piernas de lo que había sido una vez su familia.

Eusebio ahora sintió pena por esa mujer y se avergonzó por haberle quitado su única conección con su pasado. ¿Acaso era él responsable por su locura y el peligro público en que se había transformado?, se preguntó ¿Era en realidad un peligro público?, dudó. Concluyó que obviamente él no era responsable por la conducta irracional que la mujer mostraba y ciertamente él no había actuado en forma contraria a lo que su trabajo exigía de él. Su comportamiento había sido impecable. ¡Mentira, mentira! se dijo golpeando la mesa con el puño cerrado. Entré a la casa con buenas intenciones, recordó, pero empecé a hacer tonterías después de ver esas fotos y lo que es peor, invadí el espacio privado de alguien que sufrió algo espantoso, algo que no puedo imaginar. Invadí su santuario, se avergonzó. Pero, racionalizó, le salvé la vida. ¿De veras la salvé?, porque después de todo el incendio no fue tan importante y si no hubiera dicho que tal vez estaba en la casa... No, no y no, repitió. Nada de esto tiene ningún sentido, estoy perdiendo toda perspectiva, decidió. Guardó los recortes de diario tras doblarlos en la misma forma como los encontró, los colocó dentro de la caja y la cerró con la llavecilla que había caído sobre el escritorio. Puso las fotos enmarcadas boca abajo sobre la caja y con un leve empujón de sus manos la alejó de sí, intentando librarse de todo lo que ellas significaban. A pesar de sus deseos de desvincularse de todo lo relacionado con esa mujer o su historia, resolvió que no tenía otro recurso que actuar en forma honesta y debía devolverle lo que le pertenecía y de lo que él se había apoderado.

No le fue difícil encontrar el sanatorio psiquiátrico donde Sara estaba internada. Llegó un domingo de sol por la mañana. Una casona de aquellas que una vez había albergado una familia pudiente había sido transformada en un nosocomio para enfermos mentales que ahora se paseaban por caminos bordeados por eucaliptus y donde una cerca de más de dos metros de alto los mantenía dentro de los límites de un mundo del que no podían salir. Eusebio se preguntó quién era responsable por el costo de esa internación, pero eso a él no le concernía. Su plan, el que había cuidadosamente elaborado, consistía en entregar la caja y las fotos al enfermero de turno sin dar detalles de cómo llegaron a su posesión y retirarse rápidamente. Luego de atravesar un amplio hall de entrada cubierto de baldosas blancas y negras, se dirigió hacia la puerta sobre la que había sido pegado un cartel que indicaba "ENFERMERIA". El olor a desinfectante y a alcohol era intenso e inescapable. Una mujer que dedujo era una enfermera, se acercó al mostrador. Antes de que ella pudiera preguntarle nada, él, apresurado para irse y para deshacerse de lo que tenía entre sus manos inició la conversación sin siquiera dar los 'buenos días'.

"Este paquete es para la Señora Sara. Por favor entrégueselo." Extendió el brazo y le acercó la caja y fotografías envueltas en papel de embalaje a la enfermera que lo miró incrédula. La brusquedad de su acción tuvo la reacción opuesta a la que él buscaba. Logró que Aurelia, la enfermera que se había acercado al mostrador, en lugar de tomar lo que le ofrecía y terminar la interacción se interesara en la razón de su visita. Eusebio, que no había cambiado la posición de su brazo la miraba esperando que ella lo tomara, pero sin resultado.

"¿Me puede informar quién es usted y qué hay en el paquete? Las reglas para la entrega de objetos a los pacientes son estrictas." Eusebio, frustrado ante la dificultad inesperada, retiró el brazo y atrajo el paquete hacia sí. No quería entrar en detalles con esta mujer, pero necesitaba librarse de lo que no le pertenecía. Midió sus palabras con cuidado.

"Son asuntos personales de la Señora que fueron rescatados después del incendio. Pensamos que le gustaría tenerlos." Usó el plural a propósito para dejar claro que era un asunto decidido a nivel oficial y no personal.

"Si es así, se lo debe entragar en persona" le informó. "Marisa lo puede acompañar hasta la habitación." Le dio la espalda y se alejó, dejándolo a solas con otra enfermera que hasta ahora había estado llenando jeringas. Ésta, al escuchar su nombre, dejó lo que estaba haciendo en forma mecánica y con el mismo aspecto aburrido y sin mirar a Eusebio le pasó por al lado y a modo de orden o invitación, era difícil saber, le dijo "Sígame". Eusebio se encontró caminando detrás de quien supuso era Marisa, sin saber muy bien cómo proceder. Necesitaba pensar rápidamente en lo que le iba a decir a Sara.

"Aquí la tiene," le informó Marisa a modo de introducción. "No habla nunca, creemos que oye, pero nada le interesa. Si necesita algo toque este botón y venimos enseguida." Sin siquiera bajar la vista para mirar a la mujer de la que estaba hablando, se dio media vuelta y volvió al pasillo. Eusebio, con el paquete en la mano, miró a su alrededor preguntándose una vez más cómo había terminado en esa situación ridícula e innecesaria. Todo había sido una equivocación, se dijo y comenzó a repasar las circunstancias que culminaron en su presencia en un sanatorio para enfermos mentales frente a una vieja que no hablaba y a quien él debía devolver fotos de su familia que había sido volada a pedazos en un atentado terrorista.

Parado, sosteniendo el paquete, bajó la vista para encontrarse con la presencia de una mujer que hasta ahora todos conocían como "la vieja" pero que lo sorprendió por tener un aspecto más joven de lo que él esperaba. No era una mujer joven, pero ciertamente no era una anciana tampoco. Prematuramente encanecida, pensó, muy delgada, las manos finas cubiertas de venas prominentes, ojos marrones que miraban sin ver, labios finos cerrados. La única vez que la había visto fue la noche del incendio cuando ella luchaba en vano con los hombres que la transportaron a la ambulancia. En ese momento, la furia la había transformado en un ogro, alguien que uno evitaría de ser posible. Ahora veía un ser que parecía estar en calma, tal vez en paz, era difícil saber. Había sido peinada y bañada, sus ropas estaban limpias y no daba ninguna indicación de que fuera capaz de pelear o patalear como él había visto que podía hacerlo. Sara no pareció notar la presencia de un extraño, no desvió la vista del punto fijo en la distancia, sus manos permanecieron inmóviles.

"Señora, le traje algo que le pertenece," le dijo haciendo un esfuerzo para dar a su voz un tono respetuoso y alentador. Él le había dirigido la palabra sin mirarla y al igual que ella había fijado la vista en un objeto inanimado, un ropero de madera rústica y manija imitación vidrio que pensó estaría vacío. No recibió ninguna contestación. Le acercó el paquete hasta que quedó frente a sus manos, pero al notar que Sara no hizo ni el más mínimo movimiento para tomarlo, lo retiró y colocó sobre la mesa de luz de metal blanco al lado de un vaso lleno de agua y una servilleta de papel. Sin saber qué hacer con sus manos, ahora vacías, las puso en sus bolsillos, se dio vuelta y salió de la habitación. Habiendo completado su misión, atravesó el hall de entrada y salió a la vereda.

Las enfermeras vieron a un hombre de edad media, con poco pelo y manos en los bolsillos, salir lentamente, como si no estuviera seguro de lo que estaba haciendo.

Eusebio volvió a su apartamento esa tarde tibia de domingo. Solo y en silencio se preparó una taza de té y trató de leer el diario. Hablaba consigo mismo, tratando de convencerse de que por fin había logrado volver al estado de normalidad habitual. Su rutina y su trabajo, su meticulosidad y falta de altibajos le otorgaban una sensación de paz que no podía arriesgar. Sin embargo no lograba deshacerse de la duda persistente que no había hecho lo correcto al dejar el paquete sin abrir sobre la mesa. Debería haberlo abierto, debería haberle mostrado lo que le devolví, se decía. La pobre está media loca y yo me aparezco con un paquete sin decirle qué hay adentro; estuve mal, se lamentó. Concluyó que debía averiguar si abrió el paquete, eso le daría la tranquilidad que necesitaba para terminar con este asunto que creyó erróneamente haber finalizado varias horas atrás.

El lunes, como todos los comienzos de semana, se encontró de buen humor y lleno de energías. Con un nivel de eficiencia envidiado por muchos supervisó nuevos proyectos e informes, ordenó lo que siempre estaba en orden y se sintió satisfecho y agradecido por la vida que llevaba y que él podía controlar. A medida que pasaba la semana, la sensación de que debía hacer algo con ese paquete lo volvió a perturbar. No quería llamar al sanatorio, pensó que haría el ridículo si fuera a preguntar si el paquete fue abierto. Tampoco quería ir, pero se dijo, ¿Y si alguien lo robó? porque al fin y al cabo si la mujer no se mueve cualquier vivo puede creer que hay algo de valor y se lo lleva sin que ella se de cuenta. Convencido de que una persona honesta haría lo que él estaba listo a aceptar, decidió que el domingo iría al sanatorio otra vez y si el paquete estaba donde lo había dejado, lo abriría y entregaría el contenido a Sara. El viernes, cuando todos en la oficina hacían planes para el fin de semana y le preguntaban cuáles eran los suyos sin atreverse a bromear y sugerir si saldría con alguna muchacha, él respondía "Lo de siempre". Con esa contestación truncaba todo intento de camaradería y dejaba librada a la imaginación lo que él hacía con su vida. En realidad todos sabían que no tenía ni mujer ni amigos y que su vida solitaria consistía en la caminata de la oficina a su casa y de su casa a la oficina.

El domingo se levantó con entusiasmo, permanecer por horas en la cama saboreando el ocio como le gustaba hacerlo a su ex esposa, era algo que él no toleraba, era una total pérdida de tiempo. No intentaba pasar más de unos minutos en el nosocomio, sólo lo necesario para asegurarse de que el paquete fuera abierto, si no lo había sido y entregarlo a su dueña. Cuando llegó al sanatorio fue directamente hacia la habitación de Sara, pero fue interrumpido a mitad de camino por Marisa quien lo miró con curiosidad.

"¿Otra vez por acá?" le preguntó con una sonrisa mezcla de interés y sarcasmo, sobre todo lo segundo.

"Necesitaba ver a la Señora Sara," le contestó evitando responder al comentario de la enfermera. "Siempre debe pasar por la enfermería antes de ver a un paciente," le informó secamente al notar el tono con que él había respondido a su pregunta.

"Lo recordaré," le contestó sin mirarla y caminando por su cuenta hacia donde sabía la encontraría.

Tal como lo había imaginado, Sara seguía sentada en la misma posición y lugar donde la había dejado una semana atrás, como si no hubieran pasado más de unos segundos. El paquete, al igual que su dueña, estaba exactamente donde lo había puesto. Sara no pareció notar su presencia ni el hecho de que había tomado el paquete en sus manos y acercado a ella.

"Señora," le habló lentamente como si le estuviera dirigiendo la palabra a alguien que no habla el mismo idioma, "recordará que le traje este paquete con algo que a usted le pertenece el domingo pasado y quería asegurarme que llegó a ver lo que contenía."

Quizás, se dijo, esto le estimule la curiosidad. Sin embargo no obtuvo ningún resultado. Sara, ni se movió ni lo miró. Se acercó a ella ahora enfrentándola por primera vez. Lo sorprendió pensar que debería haber sido una linda mujer. Él no era muy dado a prestar atención a asuntos de belleza femenina, no lo había hecho de soltero, menos aún durante los pocos años que duró su matrimonio y menos todavía ahora que vivía solo y no se relacionaba con nadie fuera de su trabajo. Pero las facciones de esta mujer, aunque avejentada, le resultaron atractivas. Bajo ese manto de ausencia había ojos que una vez habían brillado y una cara que se había iluminado por una sonrisa. Le colocó el paquete en la falda, sobre sus manos cruzadas sin que ella se moviera. Se preguntó qué hacer, si lo dejaba allí su visita habría sido inútil, por lo tanto decidió abrirlo. Lo recogió y lentamente deshizo el nudo y separó las hojas de papel de embalaje que dejaron relucir el rojo de la madera lustrada y los marcos de plata que brillaron bajo el rayo de luz que entraba por la ventana frente a la que la mujer pasaba su vida. Dobló el papel cuidadosamente y lo puso otra vez sobre la mesa, pero esta vez se agachó, acercó su cara a Sara y le colocó sus objetos frente a su mirada.

"Esto es suyo, pensé que le haría bien tenerlo cerca."

Eso no es completamente cierto, se dijo. Nunca pensé en lo que a ella le haría bien, lo hice porque soy una persona decente, ¿por qué le dije eso?. En fin, ya lo dije y no puedo borrar las palabras, se convenció. Esta vez vio un parpadeo de reconocimiento. Sus manos, que habían preservado la memoria del tamaño de esos tesoros que fueron sostenidos innumerables veces, se elevaron lentamente, las palmas y los dedos largos curvados y abarcaron lo que le era ofrecido. Con la misma calma y lentitud, bajó sus brazos y los colocó sobre sus piernas, las manos cruzadas sobre el cofre con fuerza.

"Gracias," musitó en un tono apenas audible.

Eusebio, que ahora estaba erecto otra vez y se aprontaba a retirarse, fue sorprendido por la respuesta inesperada. La voz fue tan baja que dudó si realmente oyó correctamente. "¿Perdón?," dijo a medida de aclaración. Pero esta vez no tuvo respuesta y todo volvió al estado de parálisis que conocía. "Buenas tardes," le dijo mientras se acercaba a la puerta, sabiendo ahora que Sara era más consciente de lo que la rodeaba de lo que la creían capaz.

La semana siguiente no fue tan productiva como lo hubiera preferido. A pesar de haber cumplido con su deber y devuelto lo que no le pertenecía, se sentía incómodo y nervioso, dos emociones para él intolerables. Luchó en vano contra sí mismo, tratando de ausentar pensamientos ajenos a lo que él quería mantener en su mente. Volvió a sentir una pena por la mujer no disímil a la que había sentido cuando leyó los recortes de diario. Muy a su pesar el recuerdo de esa voz débil reconociendo su presencia y su gesto lo conmovió. Se repetía sin cesar, "pobre mujer, pobre mujer," creyendo que la pena que sentía era sólo por ella. Se convenció de que era su obligación volver a verla. Quizás él podría explicarle que la decisión de llevarse a todos los gatos fue hecha con buenas intenciones, el deber que la ciudad tenía para proteger a sus habitantes. Con esa excusa arraigada en su mente, deseó que llegara el domingo otra vez.

El sábado, mientras limpiaba su apartamento siempre pulcro, pensaba qué podría decirle a Sara acerca de la razón de su visita. Ahora que sabía que ella lo escuchaba debía medir sus palabras con cuidado. Miró a su alrededor satisfecho de sus habilidades domésticas. Susana siempre le decía, "Como marido dejás mucho que desear, pero como limpiadora te emplearía en cualquier momento." Susana, su mujer por diez años. Susana, la mujer que un lunes de mañana mientras él leía el diario le informó, "Me voy, no tolero vivir contigo ni un momento más. Nuestro matrimonio fue un error. Sos un egoísta empedernido, no tenés la más mínima noción de lo que yo he pasado por vivir contigo. Seguro que ahora mismo te estás preguntando de qué te estoy hablando. Sos un fracasado. Haré que el abogado te llame." Y así nomás se fue. Tan rápido fue su anuncio que él ni había tenido tiempo de apoyar la taza de café sobre el platillo y como un mimo que trata de hacer reír a su público mantuvo una mano alrededor del pocillo, la otra agarrada al diario y su boca semiabierta por varios segundos. Le llevó varios años sobreponerse del abandono y nunca entendió cuál fue la razón o razones por las que Susana lo dejó. A veces se sentía solo y mantenía momentáneas y fugaces fantasías de tratar de encontrar pareja otra vez. Pero se convencía rápidamente de las ventajas que tenía seguir viviendo solo. No necesitaba ser perturbado por recuerdos de hechos sobre los que no tenía ningún control, se dijo. No era el tipo de persona que se dejara llevar por emociones ni debilidades. Ahora debía planear su visita.

"Buenos días, nos estábamos preguntando si se iba a aparecer por acá hoy," lo saludó Marisa con su sonrisa burlona.

La presencia y actitud de esa enfermera lo molestaban y no le iba a dar la satisfacción de decirle nada acerca de la razón de su visita. "Vengo a ver a la Señora Sara," les informó meramente para cumplir con una formalidad y agregó, "conozco el camino" con la intención de evitar que caminaran con él hasta la habitación. Como si no hubiera transcurrido otra semana, encontró a Sara sentada en la misma silla en que la había dejado el domingo anterior.

"Buenos días Señora…" y se acercó hacia donde ella se encontraba inmóvil. No sabía cómo proceder a pesar de que había considerado varias posibles explicaciones. Decidió que lo más prudente era sentarse a su lado. Arrastró una silla plegable que encontró detrás de la puerta hasta el costado de Sara y sin decir nada se sentó a su derecha, los dos mirando ahora por la ventana. Varios minutos después Eusebio se preguntaba si no debería irse, se vio en una situación ridícula sentado en silencio con la mujer que sólo le había dicho "gracias" una semana atrás. Lamentó haber venido y se dijo que fue un error. Comenzó a levantarse cuando fue sorprendido por una voz que le pidió, "Por favor, acérqueme la caja y las fotos."

Recién en ese momento notó que Sara no tenía sus preciosas posesiones consigo. Rápidamente miró a su alrededor y las vio sobre la mesa de luz. "Sí como no, acá las tiene," se las ofreció no sin orgullo por haber sido reconocido y ser la única persona a la que ella le había dirigido la palabra en lo que él dedujo semanas, pero que en realidad había sido mucho más tiempo. Ella extendió sus manos y las tomó con cuidado mirándolo brevemente. Eusebio, aunque no particularmente sagaz en materia de emociones ajenas o incluso personales, no pudo no distinguir una enorme tristeza en esa mirada.

"¿Necesita algo más, señora?," preguntó sin saber qué otra cosa decir. Luego de varios segundos que los sintió como una eternidad, esa voz que parecía venir de lejos, le hizo una pregunta que él no supo cómo contestar.

"¿Tiene usted idea de lo que significa perder todo en un instante?"

Eusebio aún parado la veía de perfil. Ella había hablado sin mirarlo. "Lo lamento," fue lo único que él supo decir y que creyó era lo oportuno en ese momento. ¿Qué le podía decir, que él era un pobre tipo que no tenía a nadie, que su mujer lo había dejado y ni siquiera había entendido por qué, que pretendía estar en control de todo hasta que vio esas fotos y leyó esos recortes de diario y se dio cuenta de que tenía más emociones de lo que estaba dispuesto a aceptar?¿Qué le podía decir? se preguntó otra vez. "Lo lamento," repitió como si al decirlo otra vez lograra transmitir sus sentimientos hacia ella y hacia él. Con una mano sobre el respaldo de la silla se preguntó si irse o volver a sentarse y tratar de entablar conversación, aunque no sabía de qué hablar. Sara no lo volvió a mirar y mantuvo su aparente estado cataléptico. Incómodo por lo inusual de la situación, plegó la silla con cuidado, como si no quisiera interrumpir la relación entre la mujer y sus posesiones, la colocó donde la había encontrado y con un "Hasta el domingo," se retiró.

En contra de su propia voluntad había establecido una relación con una persona por la que había sentido repulsión, rechazo, curiosidad, lástima y ahora una inusual cercanía y conección. Cuando se alejó del sanatorio, luego de haberse comprometido en regresar, el recuerdo de esa mujer sola y triste, muda para todos menos para él le produjo una fugaz e imperceptible sonrisa. Eusebio entró a su apartamento y procedió con su rutina de fin de semana, pero esta vez en lugar de gozar de la soledad se sintió solo y triste. Una vez más deseó la llegada del próximo domingo.

Las visitas de Eusebio a Sara se transformaron en su rutina semanal. Las enfermeras se acostumbraron a su presencia silenciosa y para ellas hostil. Ahora él podía ir directamente hacia la habitación sin que ellas le exigieran indicar a dónde iba y por qué. Sara siempre estaba sentada en el mismo lugar, la caja y fotos sobre la mesa de luz. Sin preguntarle si las quería, Eusebio se las entregaba. Sin proponérselo fue creciendo en él la capacidad de anticipar las necesidades de otra persona. Eusebio se preguntaba muchas veces si debía preguntarle algo, o quizás contarle algo. Pero no sabía qué. Además no creía que ella estuviera interesada en escuchar nada acerca de él. Él no creía tener nada de interés para compartir. Así entonces siguieron ambos, semana tras semana, los dos sentados sin hablar, la vista perdida en la distancia, los recuerdos protegidos en sus mentes.

Un domingo Marisa se le acercó cuando estaba por irse. "No sé si usted lo sabe, pero en una semana es el cumpleaños de Sara. Ya que usted es la única persona que la visita de repente le quiere traer algo, aunque no creemos que entienda nada de lo que pasa o tenga noción de tiempo." Desde ese instante Eusebio se preguntó si debía comprar un regalo. A pesar de sus visitas, la mujer era una extraña y no le había vuelto a hablar. Sin embargo, nunca le hizo saber que su presencia la molestara y tomaba la caja y fotos que él le ofrecía aparentemente entendiendo lo que transcurría en esa interacción. Dudaba si comprar un regalo al mismo tiempo que consideraba qué comprar. Una idea brotó en su consciencia que trató de eliminar sin suceso. Ya que él había sido por lo menos en parte responsable de todo lo acaecido a Sara, sentía la responsabilidad de devolverle algo de lo mucho que le habían quitado. Por lo tanto, concluyó, le iba a conseguir un gato. Una vez que hizo la decisión, la lógica o falta de, del asunto lo trastornó. ¿Qué podía hacer él con el animal hasta que se lo entregara?. Y lo que era aún peor, ¿qué haría con él si no permitían gatos en el sanatorio, lo que era muy probable?. Esas dudas casi lo llevaron a descartar su plan, pero el recuerdo de esa mujer sola que había perdido todo lo obligó a reconsiderar el asunto. Así entonces se encaminó al local de la Sociedad Protectora de Animales donde eligió un gato gris ya adulto que aparentaba ser más calmo y menos gritón que el resto. Prometió recogerlo el domingo de mañana una vez extraída la promesa de la persona a cargo que podría devolverlo si surgía algún problema.

El domingo llegó al sanatorio más tarde de lo habitual, una caja de cartón en sus manos con un gato maullando adentro. Sonrió al entrar intuyendo la sorpresa que estaba por causar. Apenas pudo distinguir las miradas de preocupación en las caras serias de las enfermeras cuando Marisa corrió hacia él impidiéndole el paso. "No puede pasar," le ordenó mirándolo de frente. Eusebio, convencido de que la razón de tal obstrucción era su regalo hambriento, intentó dar una explicación. "Por favor, deje que por lo menos lo vea…"

Pero fue interrumpido por la voz de la nurse a cargo, a quien nunca había visto. Repentinamente las dos mujeres comenzaron a darle explicaciones y a defenderse de lo que eventualmente él comprendió se sentían responsables.

"¿Cómo podíamos saber que era capaz de tal cosa?. Ella nunca se movía ni siquiera cuando la bañábamos ….No parecía tener fuerzas ni voluntad de nada…" Eusebio las escuchaba sin entender muy bien qué estaban tratando de decirle.

"¿Qué me quieren decir?," preguntó no sin temor.

Marisa finalmente habló, la voz temblorosa y sin el sarcasmo al que él estaba acostumbrado.

"Lo lamentamos mucho, ya que usted era la única visita que ella nunca tuvo, pero debe saber que Sara se ahorcó con las sábanas de su cama. La encontramos hace una hora..."

Eusebio no oyó el resto de la explicación. Sintió que la garganta le apretaba, los labios temblaban y todo a su alrededor se volvía borroso, nublado. Sin decir una palabra y con el gato bajo el brazo se dio vuelta y dirigió hacia la puerta.

"Espere," lo llamó Marisa. "Ésto le pertence ahora a usted," le dijo mientras se acercaba sosteniendo el alhajero y las fotos. "Usted los trajo y ella murió con ellos a su lado. La caja estaba abierta pero no nos atrevimos a mirar el contenido. Estamos seguras de que nadie reclamará estas cosas. Si usted no se las lleva deberemos tirarlas a la basura." Eusebio alargó la mano vacía y colocó el cofre y las fotos sobre la caja donde el gato ahora estaba en silencio. Sin mirar a nadie se fue.

Caminó despacio sin saber qué hacer. Había perdido a alguien, ¿una amiga? ¿conocida?¿qué había sido Sara para él?. Sus vidas se cruzaron y por un momento ambos compartieron la soledad y el silencio. Ahora él se sentía solo, vacío. Había perdido la indiferencia, la insensibilidad. Estaba mejor antes, se dijo, pero ya no podía volver atrás. Intentó no sin dificultad recobrar el control de sus emociones y deshacerse del gato que ahora maullaba otra vez. No podría devolverlo hasta el lunes. No tenía otra solución que llevarlo a su casa hasta el otro día. Entró al supermercado más cercano en busca de algún alimento. Confundido frente a la variedad de comidas para animales de las que él nunca se había percatado, miraba las bolsas y precios sin saber qué comprar.

"¿Me permite que le ayude? No es fácil comprar comida para gatos hoy en día, demasiadas opciones ¿no le parece?"

La voz melodiosa de la mujer que él no había notado acercarse lo distrajo. "¿Quiere mi consejo?," le repitió al notar que él la miraba como si se estuviera despertando de un sueño del que trataba de salir con dificultad.

"Sí, sí, claro, gracias," dijo en forma entrecortada como tropezándose con las palabras mientras no alejaba su vista del rostro de la mujer.

"Yo le doy esta a los míos," le indicó. "¿Me permite verlo?," le preguntó al mismo tiempo que se acercaba y levantaba la tapa de la caja. "Es un encanto," comentó mientras acariciaba al animal que ahora ronroneaba feliz. "¿Cuánto hace que lo tiene?"

"En realidad no es..." empezó a explicar cuando haciendo un esfuerzo prefirió omitir parte de la historia. "Desde hoy de mañana," contestó.

"Los gatos son una excelente compañía para la gente que vive sola, ¿verdad?... O ¿acaso a su esposa también le gustan?"

"Yo también vivo solo," contestó ahora con una leve sonrisa y un rubor que no sentía desde su adolescencia. "Quizás, si no es demasiada molestia..." titubeó, "me podría dar algún otro consejo acerca de cómo cuidar al animalito...Yo recién estoy aprendiendo."

SOCIEDAD ANÓNIMA

Oficina de desempleo. Lunes de mañana. Empleados se mueven sin entusiasmo detrás del mostrador. Toman café y entregan formularios a los que con dificultad llegan a la ventanilla. Hombre de edad media, desprolijo, es el próximo en cola. Un yeso cubre su brazo derecho dejando al descubierto la punta de los dedos, largos como patas de araña.

"Buenas," saluda al empleado que ni lo mira. "¿Me da un formulario jefe?"

Éste se agacha y saca un fajo de papeles de detrás del mostrador. Los coloca en desorden y con desgano frente al hombre quien apenas logra agarrarlos antes de que caigan al piso.

"¡Siguiente!" anuncia el empleado, impaciencia en su voz.

"Diga jefe, ¿me da una manito?"

El empleado lo mira con reticencia.

"Sí, ¿qué quiere?"

"Mire, yo no soy muy bueno en esto de escribir, ¿vio? y le estaría agradecido si me ayuda con este papelerío," pide tímidamente el hombre, "además, ¿ve?," le dice señalando el brazo enyesado con su dedo índice izquierdo.

"Mire don, esto no es la primaria y yo no tengo tiempo para estas cosas. Llévese los papeles a su casa y los trae la semana que viene," le contesta malhumorado, ignorando la incapacidad física del otro.

Uno tras otro los desempleados se van parando en una cola desordenada que se alarga rápidamente y ahora llega hasta la vereda. Se preguntan por qué no logran avanzar. Algunos se apoyan sobre el portón de madera y miran a su alrededor en forma distraída, otros se conmiseran con los que están tan mal o peor que ellos, mientras que otros, la mirada perdida en la distancia, los ojos tristes y sin esperanzas, fuman un cigarrillo o toman mate. Una mujer joven, pelo enrulado y pantalón blue jean, pasa por delante de los que pacientemente esperan su turno. Con el paso seguro y la cabeza en alto llega al mostrador. Extiende la mano y le entrega un papelito a uno de los empleados, lo que trae una sonrisa a sus labios y una expresión de reconocimiento. Le entrega los formularios. La mujer se va de inmediato. Los otros la miran con enojo y envidia.

El hombre sin embargo, ignorando lo que pasa a su alrededor, no se da por vencido e insiste.

"Mire, yo trabajo por cuenta propia, nadie me despidió y soy una persona seria," se presenta al empleado pensando que con tal introducción tendrá mejores chances de recibir ayuda.

Moviendo la cabeza de lado a lado, resignado, el empleado le contesta para así terminar de tratar con este hombre que está haciéndole perder la paciencia.

"¿Qué quiere?"

"¿Qué pongo en esta línea?" le pregunta al empleado con una sonrisa tímida.

"Cuál es su trabajo, ¿qué otra cosa va a declarar si dice claramente 'Oficio'?"

"¿Me da un lapicito por favor?" pide cordialmente el desempleado.

Sin siquiera mirarlo, le da un lápiz sin punta. Con dificultad y con letra apenas legible el hombre escribe 'Ladrón'.

"Aquí tiene Señor Pedro," y le entrega el papel utilizando el nombre que otro usó cuando gritó "Che Pedro, teléfono" desde el extremo opuesto de la oficina.

Sin mirarlo, el funcionario toma el papel. Pero, antes de decirle que tiene que llenar las otras cinco páginas para ser considerado candidato a recibir beneficios monetarios del estado, ve de reojo lo que el hombre escribió y la curiosidad lo obliga a preguntar, "¿Así que usted es ladrón?"

"Sí, don Pedro. Miguelito Suárez, a la orden," responde el hombre con modestia.

La curiosidad le impide ignorarlo.

"Y, ¿usted qué roba?"

"Videos," le contesta Miguelito

"¿Películas?"

"Sí, películas, de esas que se miran en la tele. ¿Acaso le parece raro?" lo mira Miguelito incrédulo.

"Y, diga Miguelito," le dice ahora el funcionario adoptando un tono de confianza y sarcasmo, "¿qué le hace a usted creer que el gobierno va a estar dispuesto a mantenerlo porque usted se gana la vida robando?"

"Pero no, don Pedro," se defiende Miguelito, "usted no entiende, permítame aclararle."

Pedro apoya los codos sobre el mostrador y acerca su cara a Miguelito, la expresión atenta. Mientras tanto la gente en cola se inquieta. "¿Qué está pasando ahí adelante?" grita uno levantando el puño en ademán amenazador. "¡Agarrá los papeles y tomátelas inútil!" agrega otro. Sin embargo, Miguelito no parece inmutarse y Pedro está empezando a interesarse.

"Mire don Pedro, puedo llamarlo así, ¿no?"

"Sí, sí hombre, siga."

"Yo nunca pedí nada de nuestro gobierno, siempre fui una persona de trabajo, pero hace un par de días atrás tuve este accidente,¿vio?" le dice mostrando su yeso, "y el médico de la mutual me dijo que no podré trabajar por un par de semanas."

"¿Y cómo le pasó eso?"se interesó el otro.

"Un accidente de trabajo. Por eso estoy aquí. Gajes del oficio que le dicen," sonrió Miguelito al notar que el empleado estaba perdiendo su indiferencia.

"¿Qué, acaso se le cayó un video aburrido encima?" Pedro sonrió sarcástico.

"¡No, hombre, no! Estaba laburando y allá por el final de la noche, que de paso había sido muy fructífera, escuché una sirena. No sabía si era para mí, pero no iba a permitir que me pongan en cana, yo que vengo invicto. Entonces, entré a apurarme y en el apuro me tropecé con un montón de cajas que no había visto y ya ve lo que pasó. Terminé con un brazo roto y salí rajando a tal velocidad que dejé varios videos olvidados."

"Y, ¿a quién le vende esos videos?"

"Vamos don Pedro," contestó Miguelito sonriendo, "no espera que le dé una lista de mis clientes, se dice el pecado pero no el pecador, ¿no le parece?"

Ahora el funcionario empezaba a imaginar el potencial económico del asunto y no podía dejar pasar tal oportunidad. La cola, que no había dejado de crecer, se extendía a lo largo de la vereda por media cuadra y las quejas seguían aumentando. Los otros empleados, al ver que Pedro se estaba tomando tanto tiempo con el hombre del yeso, decidieron trabajar más lento ellos también. Ciertamente no iban a trabajar por el otro ni hacer más de lo que les correspondía.

Cuando el barullo proveniente de la calle llegó a Pedro y no le permitió concentrarse como necesitaba para así entender los pormenores de ese negocio, invitó a Miguelito a pasar detrás del mostrador.

"Mire Miguelito, ¿por qué no pasa a donde tengo mi escritorio y miramos los papeles juntos mientras nos tomamos un cafecito?"

"Gracias jefe, gracias," contestó Miguelito agachando su cabeza de pelo grasiento, poniendo el formulario bajo su brazo izquierdo e ignorando los comentarios dirigidos hacia su persona que contenían una gran gama de epítetos y adjetivos ninguno de los cuales era favorable. Pasó al interior de la oficina después que Pedro abrió una puerta de madera amarilla descascarada con un pestillo que no funcionaba.

Miguelito miró a su alrededor mientras Pedro traía dos tazas con café sobre una bandeja de plástico rajado. Pedro acomodó su amplia figura sobre su silla tapizada de plástico marrón, imitación cuero, el relleno protruyendo por las costuras entreabiertas. Mientras acercaba el pocillo a sus labios miraba con interés a ese pobre diablo que tenía sentado del otro lado de la mesa. Se preguntaba qué tipo de gil era ése que tuvo la audacia de venir a una oficina pública y declarar abiertamente que era ladrón. Por otro lado, se dijo, si el fulano se gana la vida con eso, vale la pena averiguar los detalles, por ahí él, servidor público, puede sacar una tajada de ese asunto.

"Así que le anda bien el negocio Miguelito," retomó la conversación escudriñando al ladrón.

"Sí, muy bien don Pedro, se trabaja duro, pero soy mi propio dueño, consigo lo que necesito y como se dice, tengo el laburo ideal. Mire don Pedro," cambió de tema, "usted ha sido muy amable. No esperaba esto de ser invitado a su escritorio y encima ser convidado con el cafecito, que dicho sea de paso está muy bueno, pero yo no quiero hacerle perder tiempo o comprometerlo, así que si usted me guía rapidito con estos papeles me voy en un santiamén." Miguelito no había ni remotamente sospechado la razón por la que Pedro había cambiado su actitud de brusca e indiferente a amigable e interesada. Pedro intuía que tenía frente a sí una oportunidad que poseía el potencial de sacarlo de esa monotonía y mediocridad sin fin y así catapultarlo a un bienestar económico que añoraba. El hecho de que era un negocio ilícito no lo molestaba lo suficiente como para descartarlo.

"Por favor hombre, ninguna molestia, al contrario. No pasa a menudo que uno tiene la oportunidad de conocer gente con habilidades como la suya," lo alabó Pedro. "No se apure en terminar el café, tómese su tiempo. Además de paso me va contando. Digame, ¿cómo empezó el negocio?"

"Ah, don Pedro, es una historia larga."

"No importa, no importa, lo escucho," le dijo interesado.

"Y, ya que insiste," siguió Miguelito ahora que sabía que tenía una audiencia cautiva.

"Esto es historia vieja como dicen, pero se la cuento así usted entiende cómo llegué a ser la persona de negocios que soy," ahora Miguelito estaba empezando a creer en su propia importancia. "Cuando era pibe el viejo me daba unos pesos para ir a la matinée con los muchachos del barrio. ¡Mire que era lindo eso don Pedro! ¡Qué video ni qué video, eso era cine en serio! Nos pasábamos todo el sábado en el biógrafo. Las películas del oeste eran las que más me gustaban, esas con los indios y vaqueros. Los muchachos y yo aplaudíamos como locos al final, ¡qué buenas épocas aquellas!" dijo con añoranza.

"Sí, no hay duda de que eran buenas épocas," dijo Pedro impacientándose, "pero yo tenía curiosidad en saber cómo empezó su negocio."

"Sí jefe, ya sé, pero deme tiempo, ya vamos a llegar a eso," ahora Miguelito se sentía en control.

"Me entró como una locura por el cine, ¿me entiende?" preguntó y siguió sin darle tiempo al otro de responder, "y cuantas más películas veía más quería ver. Pero, como era un botija sin plata, tenía que esperar por el viejo para ir. Cuando me hice mozo, como no me gustaba estudiar y no podía aprender mucho en el liceo, el viejo me mandó a laburar. Empecé a hacer una changa aquí y otra allá y con esos pesitos me iba al continuado. Ahí sí que empecé a ganar," dijo con orgullo.

"Pero de eso hace montones de años, en ese entonces no había videos," lo interrumpió.

"Claro que no, pero yo tenía una pasión que le dicen."

"¿Cuál era?" se interesó Pedro.

"Tenía tal locura por las películas que en cuanto juntaba unos pesitos en vez de ir al laburo me iba al cine. Y usted sabe jefe," le dijo con confianza, "a los capataces no les gusta que los empleados no se aparezcan, entonces me echaban."

"Y entonces, ¿cómo se las arreglaba?"

"Y, encontraba algún otro trabajito. Además la vieja es una santa y convenció al viejo para que me deje vivir en casa. Y así fueron pasando los años."

"Ya veo," suspiró el empleado, "pero eso no me aclara lo de su trabajo," le dijo con ironía.

"Y, ¿qué quiere saber entonces?" le preguntó como si la explicación dada hasta ahora fuera suficiente.

"Cómo es que entró en el asunto de los videos," le contestó exasperado.

"Bueno, hace un par de años, estaba haciendo un trabajito para un pintor en un barrio de pitucos y cuando me iba a tomar el ómnibus al centro para ir al cine, pasé por un negocio que estaba lleno de películas. ¿Se imagina mi alegría, jefe?" le dijo con una mezcla de excitación y sorpresa. "Fue como un sueño hecho realidad. ¡Todas esas películas! Enseguidita entré y a los pocos días estaba trabajando ahí por las noches, limpiando los pisos. Como era empleado, podía alquilar las películas bien baratas, pero ¿sabe cuál era el problema?" preguntó mirando a Pedro y siguió sin que el otro pudiera contestar, "los viejos no tenían ni un video ni la guita para comprar uno. Pero, me las iba arreglando. Todas las noches, apenas cerraba el local, yo me elegía una película, después otra y acarreaba el balde con agua y jabón y el cepillo por todo el local mientras miraba la pantalla."

"Así que tuvo suerte entonces, encontró el trabajo ideal," comentó el funcionario.

"Eso parecía al principio, pero, empecé a mirar más y más películas y no terminaba a tiempo la limpieza, entonces venían de mañana a abrir el negocio y yo tenía medio local todavía mugriento. Y mire lo que es la gente don Pedro," y lo miró con confianza, "el dueño me dijo que no podía mirar ninguna durante horario de trabajo y si me agarraban otra vez me iban a echar. Ya vas a ver, dije para mis adentros. Entonces se me ocurrió esta idea," dijo con orgullo complacido con su astucia, "voy a ahorrar hasta poder comprar el video a plazos y voy a largar este trabajo que no me merece. Así que me aguanté piolín, piolín, y no me echaron. Un muchacho del barrio que trabaja en la aduana, me consiguió barato un video y se lo compré."

"Pero dígame," preguntó el funcionario con interés, "¿cómo es que se hizo ladrón?"

"No se impaciente, jefe," contestó Miguelito, "ya voy a llegar a eso." Ahora estaba disfrutando de la atención que le prestaba el otro.

"Resulta que un buen día, o noche si quiere ser exacto, estaba de lo más entretenido con esta película de misterio, pero no la pude terminar porque ya estaba por terminar mi turno de trabajo. Entonces me dije, ¿Por qué no llevármela a casa, la miro cuantas veces quiera y la devuelvo por la noche? Total, pensé, ¿quién va a notar si hay un video menos con los miles que tienen acá?"

"Bueno," Pedro trató de razonar con él, "seguro que tienen un sistema para estar al tanto de toda la mercadería que tienen, uno no puede entrar a un negocio y desaparecer con lo que a uno le gusta sin que nadie se de cuenta. Eso es robar."

"Precisamente don Pedro," le dijo el otro orgulloso, "pero créalo o no, ahí nadie se dio cuenta. Pero otra vez me adelanté en mi historia. Como le iba diciendo, ese día me fui a casa con esa película, me senté frente a mi nuevo aparato y la miré hasta que me aburrí mientras que la vieja me traía todas las comidas a la pieza."

"¡Linda vida la suya!" exclamó Pedro sin poca envidia. "Siga hombre, siga," lo alentó.

"Esa noche volví al trabajo y pensé, ¿Qué voy a hacer si quiero volverla a ver otro día?, mejor me la quedo así la tengo siempre a mano. Entonces, la puse de vuelta en el bolsillo del gabán y me la traje otra vez a casa. Mientras barría los pasillos, iba mirando los títulos y cada uno me tentaba más que el otro, entonces a la mañana me fui con otros tres, que los miré todo el día, uno tras el otro."

"Por curiosidad nomás, ¿tiene algunas franja verde?" le preguntó Pedro con expresión libidinosa.

"No don Pedro, por ahí no me da, pero si algún cliente está particularmente interesado," y lo miró de reojo con una sonrisa de cómplice, "puedo conseguir uno."

"Yo simplemente preguntaba," se disculpó Pedro con modestia tras sonrojarse levemente. "Disculpe, lo interrumpí otra vez y nos fuimos del tema."

"No, no hay problema, encantado de poder contarle la historia de mi profesión," se enorgulleció el ladrón, "y así siguió la cosa por varias semanas, nadie parecía haberse dado cuenta de nada. Sabe, hay tantos que no devuelven las películas a tiempo que ni se les ocurrió que estas no iban a volver. Pero, uno no es bobo y en esto de los negocios hay que ser más rápido que los demás. ¿Quién me podía decir hasta cuándo me iba a durar la buena racha? Entonces, renuncié y me conseguí otro laburo en otro barrio de ricos."

"Hombre, usted habla como si los trabajos brotaran de los árboles. No entiendo cómo se las ingenió para encontrar otro trabajo cuando hay tantos que no tienen nada," dijo mirando hacia la larga cola de desempleados que seguían protestando por la ineficiencia del personal.

"Qué quiere que le diga don Pedro, yo tuve suerte," explicó Miguelito y se encogió de hombros. "Y bueno don Pedro, lo demás, como dicen, es historia antigua."

"¿Qué dice? ¿Eso es todo?" el funcionario preguntó no satisfecho de lo que el otro le había confiado.

"Y sí don Pedro, ¿qué más quisiera saber?"

"Me dejó con la intriga hombre, ¿qué pasó en el otro trabajo?"

"Nada en especial," aclaró con indiferencia. "Hice lo mismo en ese otro local y dos o tres más, pero primero me aseguré de que todos tenían dueños distintos, no sea cosa de que alguno de esos que están siempre listos a hacerle la vida imposible a los trabajadores entrara a sospechar algo y me metieran en cana."

"Y diga," decidió preguntar el funcionario interesado en el aspecto monetario del asunto, "usted debe haber hecho un montón de plata, ¿no?"

"No mucho jefe. Ve, para mí las películas son mi vida y no me puedo separar de ellas. El viejo me dice a veces, "Miguelito, qué locura tenés con esos videos, ¿por qué mejor no te conseguís una muchacha, te casás, y te dejás de cosas raras?" Pero a mí eso no me interesa. No piense mal don Pedro, a mí no me da para el otro lado ni nada, yo soy bien hombre," se esforzó en aclarar, "pero a mí lo que me divierte es ver mis películas, la vieja me hace las comiditas que a mí me gustan y ¿qué más puedo pedir de la vida? Ahora lo único que necesito es que usted que ha sido tan amable me ayude con el formulario así consigo unos pesitos hasta que pueda volver a trabajar, porque esto de no poder conseguir nuevos videos me está empezando a poner nervioso."

"No entiendo para qué precisa la plata," Pedro le dijo consternado. "Vive con sus padres, tiene sus películas, no gasta en nada, no entiendo."

"Ah, el asunto don Pedro es que los viejos me dijeron que tengo que contribuir a la canasta familiar y cuando trabajo vendo videos que a mí no me interesan y así consigo mi sueldo, porque lo que me pagan por limpiar pisos me da apenas para el ómnibus y alguna extra. Me quiero comprar un autito y un video con pantalla más grande, de esas que ocupan toda la pared, como en el cine."

"Ah, ya veo," dijo el empleado pensativo mientras se rascaba la barbilla bien afeitada. Tras varios segundos, satisfecho consigo mismo por haber pensado en algo potencialmente crucial, le sugirió al ladrón, "¿Sabe Miguelito?, estaba pensando...esto de decir que usted es ladrón no es del todo correcto, usted trabaja en negocios, lo de "ladrón" es ...¿cómo diría?...una extra."

"No, no don Pedro," lo interrumpió ofendido, "ese es mi trabajo de verdad, de eso saco toda la guita. Lo otro es...cómo explicarle...el lugar donde consigo lo que necesito."

"Escuche, no sea cabeza dura," enfatizó Pedro, "yo sé lo que le digo. ¿Acaso no me pidió ayuda con el formulario?"

Miguelito asintió.

"¿Por qué mejor no pone algo así como 'Medios audiovisuales' en la línea donde piden la descripción de su oficio?"

"Y, ¿qué quiere decir eso?" Miguelito no terminaba de entender y claramente no tenía noción de la manipulación del otro.

"Películas, por supuesto," le contestó y se echó hacia atrás en su silla como potentado en reunión de directorio.

"Ah sí, eso me gusta. Mi negocio son las películas," y abrió grande sus ojos como si le hubieran puesto una pantalla enfrente.

Mientras Miguelito estaba en aparente estado de trance, Pedro pensaba y contemplaba esa expresión atontada. Decidió que ese era el momento propicio para introducir su plan.

"Digamé Miguelito," le dijo Pedro acercando su cabeza a través de la mesa y bajando el tono de voz, "¿nunca se le ocurrió conseguir un socio, alguien que pudiera administrar su negocio para tener más ganancias, alguien con conecciones, alguien de confianza?"

Miguelito lo miró con sospecha, pero decidió seguir la conversación. Después de todo, ya le había contado tanto a don Pedro que ¿qué podía perder con escuchar sus ideas?

"No, francamente eso nunca se me había ocurrido," le contestó con franqueza.

"¿Qué le parece Miguelito si en un par de horas, cuando cierre la oficina nos tomamos una cervecita juntos y discutimos el asunto?"

Y por qué no, se dijo el ladrón para sus adentros, el hombre parece ser serio y educado y yo hoy no puedo trabajar de todas maneras, así que le contestó, "Me parece muy bien, don Pedro, y le agradezco la ayuda y el interés prestados."

Recogió el fajo de papeles de la mesa, empujó la silla sobre el piso de listones de madera que una vez había brillado, e ignorando las miradas críticas y palabrotas de los que seguían en cola salió a la vereda con una sonrisa en los labios. Hizo trizas el montón de papeles que se había llevado bajo el brazo, evitó el tacho de basura, y lanzó los fragmentos de formulario a los vientos. "Esto es para fracasados", musitó. "Empresario," se identificó lleno de orgullo, "yo seré un empresario."

ESLABONES DE EXTRAÑAS

La vida de Avendela Hortencia Milagros Luz fue tumultuosa desde su concepción. Hija de una madre que nunca conoció, fue concebida cuando ésta, llevada por un arrebato de pasión ocasionado por varias botellas de alcohol, fornicó con un desconocido, borracho igual que ella, en el rincón de un bar de campaña donde el humo de cigarrillos, el sudor y el olor de cuerpos impregnaban el lugar. Su madre, quien a la mañana siguiente olvidó el incidente que iba a producir su existencia, la parió en la cocina de la curandera, sin saber cómo explicar el crecimiento incesante de su vientre hasta ahora chato y tenso. Sorprendida ante tal evento imprevisto, decidió mientras paría al amanecer de un día de verano, que alguien y no ella, debería hacerse cargo de ese ser que estaba tratando de salir de su cuerpo. Cuando por fin dio a luz una niña, prefirió no mirarla y en cuanto tuvo fuerzas para caminar se fue del rancho de la curandera sin intención de volver.

La curandera, no del todo sorprendida ante la fuga de la mujer, decidió darle un nombre a la criatura que lloraba a gritos y mientras la sostenía en sus brazos la llamó Avendela, símbolo de un nuevo día. La envolvió en varias sábanas y trapos y llevó a casa de su vecina convencida de que como madre de doce hijos sería capaz de amamantar una más. La mujer, quien creyó entender a través del griterío que la rodeaba el pedido de la otra, la miró con incredulidad. Luego de acostar sobre su cama revuelta a los dos niños que hasta ahora había tenido sobre su falda, tomó en sus brazos a la recién nacida. "Se llamará Hortencia," le dijo a la curandera con convicción mientras miraba a la recién nacida. Ésta, quien ya le había dado un nombre a la niña, asintió de mala gana creyendo que si eso era todo lo que ella debía hacer para deshacerse de Avendela, no era un precio tan caro de pagar. Sin embargo, la mujer se la devolvió y sin decir más la acompañó hasta la puerta.

"¿Qué hago ahora con ella?" le preguntó mientras la aceptaba en sus brazos, desilusionada por no haber sucedido en librarse de ella.

"Llévesela a García, él va a encontrar un cliente. Acá tiene una mamadera y unos pañales." La puerta se cerró.

García no era un hombre con quien muchos aceptaban relacionarse, su reputación era en el mejor de los casos dudosa, lo más probable criminal, pero la curandera le ofreció la niña a cambio de un porcentaje. El pacto fue concretado antes que Avendela Hortencia tuviera doce horas y al otro día, gracias a las conecciones que García había cuidadosamente establecido a través de los años, un matrimonio deseoso de tener un hijo aceptó con entusiasmo el ofrecimiento que se les presentaba por una suma que estaban dispuestos a pagar. Varios días y miles de kilómetros después la niña fue entregada bajo gran secreto y a través de varios intermediarios a los que se identificaron como sus padres. La llamaron Milagros Luz. Así fue como Avendela Hortencia Milagros Luz pasó a ser el centro de atención y afecto de Paula y Aldo Barros, empleados bancarios, residentes de gran ciudad.

Mili

Los primeros meses de Mili en casa de los Barros no fueron tan idílicos como ellos lo habían soñado. Mili lloraba en forma constante y rechazababa sus abrazos y caricias. Sin embargo, si la dejaban a solas en su cuarto gritaba aún más. Su estado de constante descontento los desesperaba y abrumaba. La adoraban con el amor de los que esperan un milagro por años y cuando por fin llega, vuelcan todas las esperanzas acumuladas en ese pequeño ser. Pero de a poco fueron aceptando que el bebé que creyeron sería una imagen de sus vidas ordenadas y serenas, era un torbellino de emociones, imprevisible y voluble. A los tres años Mili rompió un plato sobre la cabeza de un compañero de jardinera, a los cuatro se trepó a varias sillas para así llegar a la cartera de la maestra de donde robó varios caramelos, a los cinco encontró la billetera de su padre y con ella en una mano y una muñeca sin cabeza en la otra se escapó a la calle. La rescataron luego de correr atrás de ella, quien se alejaba indiferente al peligro que la rodeaba. Paula y Aldo sonreían a los extraños que observaban a la niña con curiosidad y sorna y se disculpaban frente a los familiares y amigos que creaban excusas para no verlos por temor a encontrarse con ese pequeño ser imprevisible que no les inspiraba confianza.

Cuando Mili comenzó la primaria Paula recibió con alivio la posibilidad de tener varias horas sin la presencia agobiante de su hija que oscilaba entre sonrisas y abrazos que la enternecían y gritos y pataleos que la confundían. Paula se reintegró a su trabajo en el banco y esperaba todas las mañanas con anhelo para dejar a Mili a cargo de los que ella y Aldo creyeron más capaces de controlar a la niña. Sin embargo, eran pocos los días durante los cuales uno de los dos, o ambos más a menudo, no recibían una llamada de la maestra o la directora quejándose del comportamiento de Mili. Ésta, según decían, era "indomable" y "un peligro para la estabilidad del colegio". Mili mientras tanto, no obedecía a la maestra, a quien pateó varias veces, no tenía interés de aprender nada que no le interesara y tomaba del pupitre de sus compañeros todo lo que le resultaba interesante sin mayor remordimiento. A consecuencia de su comportamiento fue expulsada de dos escuelas en la primaria y fue aceptada en la secundaria en forma condicional. Paula y Aldo albergaban dudas acerca de su habilidad en criar a Mili y se arrepentían de haberla adoptado, pero el dolor y la vergüenza les impedía discutir el tema. Se consolaban mutuamente y mentían cuando hablaban de ella como un milagro en sus vidas, la hija de sus sueños.

Cuando llegó a la adolescencia, Mili estaba físicamente más desarrollada que la mayoría de sus compañeras. Era ahora una mujer poseída por emociones incontrolables, posesiva con las que impulsivamente decidía eran sus amigas, a las que decía querer más que a nadie y con las que era capaz de pasar días enteros, y a las que rechazaba y juraba odiar cuando se sentía traicionada o creía que no le prestaban la atención que ella necesitaba. Paula y Aldo temían sus arrebatos de furia y preferían no contradecirla. Secretamente deseaban que llegara el día en que Mili se fuera de la casa. Mili mientras tanto, usaba polleras cada vez más cortas y apretadas, blusas con escotes que permitían una vista más que abundante de sus pechos y se desplazaba entre los muchachos en forma provocativa y sensual. Consciente de la reacción que causaba entre ellos, obtenía una enorme satisfacción de las miradas y piropos que recibía. Fumadora desde los diez años, tomó su primera bebida alcohólica a los trece. Atraída por la nueva sensación de estar inebriada, se empezó a emborrachar todos los fines de semana, a veces en su casa cuando Paula y Aldo no estaban o preferían no entrar a su cuarto para evitar un escándalo y más adelante por las tardes luego de volver del liceo.

Cuando conoció a Johnny, con sus 21 años, su experiencia con las drogas, sus varias estadías en reformatorios y manera persuasiva y aparentemente suave se sintió poseída por una pasión irresistible. Ahora tenía 14 años. Johnny fue, o ella creyó que fue, su gran amor. Por él se escapaba del liceo o no iba del todo, con él fumó su primer cigarrillo de marihuana que junto con el alcohol le brindó una placentera sensación a la que aceptó volver cada vez que Johnny se los ofrecía. Con él pasaba noches enteras en su auto chocado y herrumbrado y despertaba nauseada y desnuda sin recordar los pormenores de cómo había llegado ahí. Una mañana despertó en una pieza en la que no recordaba haber estado jamás y que no reconoció. Dos hombres que nunca había visto estaban dormidos sobre la cama parcialmente cubierta por sábanas sucias y manchadas. Encontró parte de su ropa tirada por el piso de vinilo gastado y al tratar de vestirse vio gotas de sangre seca en sus brazos. No tenía idea qué podía haber causado tal cosa.

Paula y Aldo habían elegido ignorar sus ausencias, pero cuando Mili no volvió por tres días llamaron a la policía. Avergonzados por lo que creyeron iba a traerles una mala reputación en la sociedad y celosos de su privacidad, nunca habían pedido ayuda o consejos a nadie y rechazaban los ofrecimientos de los que sabían de las dificultades que enfrentaban. Pero al notar su ausencia por tantos días temieron por su vida y pidiendo disculpas a la policía y secretamente a Mili, hicieron la denuncia de su desaparición. Mili volvió a su casa mientras dos policías obtenían detalles acerca de su aspecto y circunstancias de su ausencia. Tambaleándose y sin poder enfocar, despeinada y desprolija, fue llevada de inmediato al hospital donde se constató que estaba bajo la influencia de múltiples drogas y debía recibir tratamiento de inmediato. Paula y Aldo se sintieron preocupados pero al mismo tiempo aliviados que otros iban a hacer decisiones por ellos y por primera vez en casi quince años iban a dormir en paz. La abrazaron y prometieron que la visitarían en pocos días o en cuanto fueran notificados de la necesidad de su presencia. Mili, aún bajo el efecto de las drogas, no fue capaz de entender qué estaba pasando y aceptó sus abrazos sin atacarlos. Fue transferida a un centro de rehabilitación a cinco horas de su casa. Esa fue la última vez que vio a sus padres.

Shirley

Mili escapó de ese centro al día siguiente de ser admitida. Convencida de que la presencia oprimente de sus padres era un obstáculo para su libertad, vio con optimismo la posibilidad que tenía ahora. Se había librado de sus padres por quienes no sentía mayor cariño y ahora podría hacer lo que quisiera. Estaba sola, lo que por momentos la trastornaba, pero no toleraba ni los consejos ni las preguntas de nadie. Caminó varios kilómetros al costado de la carretera escondiéndose entre arbustos cuando veía un auto sospechoso y haciendo dedo cuando veía llegar uno que le inspiraba más confianza. Logró extraer la promesa de no ser denunciada, junto con varios billetes y el reloj que le robó, de un hombre que la recogió con su camioneta y que aceptó esas condiciones después que ella le ofreció su cuerpo y él aceptó sin preguntar. Se bajó en una estación de ómnibus donde robó ropa de una tienda y tiró la suya dentro de una bolsa de plástico. Compró un boleto para viajar en el primer ómnibus que estaba por salir sin prestar atención a su destino. Viajó por doce horas. Cuando el conductor anunció que habían llegado, no tenía idea en qué ciudad estaba, pero la satisfizo ver que dado el tráfico y el barullo en la estación, era una gran ciudad lo que aumentaba sus chances de pasar desapercibida. Caminó varias cuadras buscando un lugar donde vivir. El bullicio y su sensación de libertad la embriagaban. Extrañaba a Johnny y lloraba creyendo que no lo vería nunca más. Lo amaba y odiaba por haberla entregado a los hombres de los que ella tenía una vaga memoria. Se prometió que le haría pagar por eso. Cuando vio un cartel con la "H" apagada y dedujo que era un hotel, entró y consiguió una pieza con lo que le quedaba de la plata que le dio el hombre de la camioneta. Se identificó como Shirley, mujer soltera de 18 años, lo que el hombre despeinado, con barba crecida de varios días y aliento a alcohol no cuestionó. Subió por una escalera con peldaños de madera gastados al segundo piso, habiéndose cruzado con varias parejas que pasaban abrazadas y la ignoraron. Hacía calor y la humedad la sofocaba. Su cuarto olía a cigarrillos, perfume de mujer y una mezcla de olores que la repugnaron y atrajeron. Abrió la ventana y creyó ver un puerto a lo lejos. Sin saber qué hora era y sin importarle tampoco, se fue a explorar la zona que creyó estimularía sus emociones siempre amenazadas por la quietud y el silencio intolerables. Aburrida de su aspecto poco atractivo debido a la ropa que tenía puesta y deseosa de sentirse distinta, luego de caminar por calles oscuras evitando ser atropellada por hombres que caminaban a la deriva, consiguió lo que quería. Ahora satisfecha y con nueva confianza en sí misma, en su pollera de cuero negra que dejaba ver sus piernas torneadas y sobre todo sus muslos, sus medias en red y blusa roja, entró a un bar. Poco rato después estaba sirviendo bebidas a los clientes que la miraban con interés. Esa madrugada volvió a su cuarto con un hombre que se fue antes que ella despertara. Así empezó su vida en la zona portuaria de esa ciudad desconocida. Su pelo negro y largo era ahora rubio y corto, sus uñas largas, naranjas, rojas, azules o doradas, y su cuerpo, lo que quisiera el cliente del momento.

A veces, cuando se sentía sola y se enamoraba de algún hombre del que apenas sabía el nombre, lo seguía por varios días o semanas, hasta que se enamoraba de otro o el hombre la echaba, a veces luego de varios golpes, otras depués que ella lo atacara sin que él entendiera sus razones. Nadie parecía estar interesado en lo que había sido su vida antes de haber llegado a ese bar y si algún curioso le preguntaba algo, simplemente mentía. Cuando necesitaba alcohol, lo tomaba con sus clientes, si quería marihuana, la obtenía sin dificultad. A veces salía a caminar con alguna otra mujer que trabajaba en el bar y los hoteles cercanos. Esa relación era siempre corta e intensa, se mudaba con su amiga o viceversa, le contaba intimidades, todas mentiras, se enfurecía creyendo que la otra quería más a otras mujeres, o le había robado algo, se atacaban, arañaban o tiraban con objetos y la supuesta amistad acababa.

Cuando cumplió 16 años decidió que necesitaba un trabajo que pagara mejor que el que tenía. Sin tener un plan ni saber qué buscar, empaquetó sus ropas en el bolso que le había dado uno de sus clientes y se fue. Tomó un ómnibus y al igual que lo había hecho más de un año atrás, no se fijó en el destino. Cuando se aburrió de estar sentada se bajó. Era un día de verano, el sol quemaba y las calles estaban desiertas. Miró a su alrededor y vio edificios bajos, ranchos y campos descuidados. Tenía sed, necesitaba un trago. Entró a un bar donde varios hombres notaron su presencia. Nadie se sorprendió ni la cuestionó cuando dijo que tenía 19 años y se llamaba Cookie. Decidió quedarse hasta que pasara el próximo ómnibus en cualquier dirección. Ese lugar la deprimía. Empezó a trabajar en el bar esa tarde. Todo le resultaba aburrido, hasta los clientes, la mayoría camioneros de paso, no la entretenían como lo habían hecho los hombres a los que había servido antes. Estaba por irse esa noche cuando entró al bar una figura que reconoció de inmediato: Johnny había venido a su encuentro.

Cookie

Ahora delirante de alegría tras haberse convencido de que de alguna manera Johnny había logrado encontrarla, ante la mirada curiosa de los hombres que saboreaban el alcohol y en particular de Johnny que no la reconoció, se lanzó contra su cuerpo, sus brazos en alto dirigidos hacia su cuello, del que se aferró mientras las manos del hombre trataban de sostener una botella de cerveza. Johnny se desprendió de su abrazo y la miró sorprendido, su boca torciéndose en una sonrisa burlona, su mirada risueña.

"Si así se me recibe acá voy a venir a este bar más seguido," dijo en voz alta mirando a los hombres que estallaron en una carcajada. Furiosa por la humillación y el bochorno, golpeó a Johnny con sus puños hasta que él la empujó y ella cayó al piso. Corrió al baño impregnado de olor a orina, donde lloró desilusionada y en un ataque de furia se clavó sus largas uñas verdes postizas a través de su muñeca hasta que vio sangre. Aliviada tras tal acto, volvió al mostrador, una sonrisa en sus labios ahora repintados carmín. Decidió ignorar a Johnny, quien ahora la observaba con curiosidad y deseo y se paseaba por delante de él coqueteando y pretendiendo ignorar su mirada. Johnny, que había conocido decenas de mujeres en los últimos dos años, no tenía idea quién era esa loca que lo rozaba con sus pechos o sus caderas cada vez que pasaba cerca suyo con una bandeja con bebidas en su mano. Deseoso de no perder la oportunidad que se le ofrecía, la tomó de un brazo y sin decir nada se fueron a su cuarto, donde pasaron varios días. Un mediodía, Mili despertó, miró a su alrededor y vio la cómoda de madera gastada, el sillón con el tapizado en trizas, la mesa con restos de comida y vasos sucios, botellas de alcohol tiradas por el piso cubierto de polvo, pero no vio las ropas de Johnny. Furiosa por su deserción, ahora que ella estaba convencida de que seguirían viviendo juntos aunque él nunca había hecho mención de tales intenciones, de un manotazo tiró todo lo que estaba sobre la mesa a través del cuarto y saltó sobre los platos y vidrios rotos hasta que hizo sangrar sus pies. Gritando el nombre de quien creyó estar enamorada salió a la calle, semidesnuda, sus pelos teñidos de un rubio anaranjado revueltos, sangre saliendo de los tajos creados en sus pies. Algún curioso la miró de lejos pero nadie se atrevió a acercarse, sus emociones eran tan intensas y su aspecto tan amedrentador que forzaba a alejarse a todos los que sentían alguna pena por ella. Súbitamente cesó de llorar y gritar. La cabeza en alto, miró a los extraños con desprecio, les gritó varios insultos y entró al apartamento. Repugnada por el aspecto del lugar que hasta ahora le había parecido perfecto, empaquetó sus pocas pertenencias y sin pagar lo que debía de la renta o avisarle a nadie, se fue. Convencida de que estaba aburrida con su trabajo también, decidió que era hora de cambiar de lugar y embriagada por una repentina sensación de esperanza y confianza en sí misma, tomó una nueva ruta.

Marilyn

Cinco meses después estaba instalada en un camping para remolques. Trabajaba ahora en un bar no disímil a los anteriores, pero las propinas eran mejores e incluso consiguió una identificación falsa a través de un cliente del bar que se había dicho enamorado de ella. Ahora más segura de que no sería encontrada, compró un auto que apenas andaba pero que la hacía sentir poseedora de una libertad mayor de la que había tenido jamás. Los vecinos de los otros remolques la ignoraban y ella los despreciaba. Iba y venía con hombres que conocía en el bar, conseguía todo el alcohol o marihuana que precisaba y si alguno le ofrecía otras drogas las aceptaba aunque prefería que no le clavaran agujas.

A pesar de que todo parecía estarle yendo bien, su malestar físico la perturbaba. Se sentía débil y cansada, vomitaba todos los días y la enfurecía ver que estaba perdiendo la curva de su cintura. Decidió ponerse a dieta y con excepción de los aperitivos que tomaba en el bar junto con el alcohol, evitaba toda la comida. Sin embargo su cuerpo seguía cambiando y cada vez tenía menos fuerzas de levantarse de la cama. Cuando una noche se desvaneció al salir de su casa, una vecina la vio a través de la ventana de su remolque y llamó a una ambulancia. En la emergencia se identificó como Marilyn, nombre con el que se la conocía ahora. El médico de guardia confirmó su embarazo y luego de recibir numerosas explicaciones acerca de los riesgos que tenía de abortar, fue referida a una clínica para cuidados prenatales. Ahora estaba embriagada de un entusiasmo y alegría que la consumían. La idea de que iba a tener el hijo de Johnny era para ella maravillosa. De inmediato dejó de usar drogas y decidió purificar su cuerpo para el retorno de Johnny, el padre de su hijo. La visitas de la asistente social a la que había sido asignada la enfurecían.

"¡No necesito nada!," le gritaba a través de la puerta que habitualmente se negaba a abrir. "¡Andá a meterte en la vida de otros!" No se explicaba por qué esos entrometidos se atrevían a darle consejos que ella no necesitaba y frecuentemente la echaba del remolque. Cuando su gravidez fue tan avanzada que le impedía moverse con agilidad en el bar y dado su rechazo por los clientes, la echaron. Pasaba los días esperando el nacimiento del niño, soñando con el momento en el que le haría saber a Johnny que había tenido su hijo. Nunca se le ocurrió pensar que su ignorancia acerca del paradero del hombre y lo que es más, ni siquiera saber su apellido, le impedirían encontrarlo. Pasó el resto de su embarazo tirada en la cama, comiendo todo lo que tenía a su alcance, su apetito era ahora voraz. Una de la mañanas en las que permitió que entrara Cynthia, su asistente social, comenzaron sus contracciones. Otra vez vino la ambulancia y fue conducida al hospital donde dio a luz una niña. Antes de que la partera le pudiera informar el sexo de la criatura, ella le informó que se llamaría Johnny.

"¡No es una hembra maldita bruja!," le gritó a la mujer que estaba tratando de ayudarla a expulsar la placenta y pedía al mismo tiempo ayuda ya que la niña no lloraba.

"¡Este es el hijo de Johnny puta vieja, me cambiaron el niño,!" gritaba ahora enfurecida. "¡Dónde pusieron a mi hijo…devuélvanme a mi hijo!"

El personal médico se miraba consternado frente a ese comportamiento para ellos inexplicable. La niña fue llevada a una unidad de cuidados intensivos, no solo para tratar sus dificultades en respirar sino también y sobre todo para alejarla de la madre que estaba por recibir un calmante. Mili se despertó varias horas después y sorprendió a las enfermeras con su aparente buen humor. "¿Dónde está mi hija?" preguntó, su voz denotando interés y calma. La enfermera la miró con desconfianza creyendo que en cualquier momento iba a lanzar un ataque contra ella o contra los que supuestamente le habían arrebatado a su hijo.

"Enfermera," siguió con buen tono, "¿dónde está la beba?"

"Se está recuperando en la unidad neonatal, la verá en un rato."

Al escuchar que la niña no estaba bien, comenzó a llorar en forma descontrolada. "¡No la dejen morir!," suplicaba ahora y antes de que la enfermera tomara consciencia de lo que estaba pasando, Mili saltó de la cama arrastrando su intravenosa y caminando descalza y semidesnuda por los pasillos buscando la sala donde vería a su hija. Varios enfermeros corrieron atrás suyo hasta que la alcanzaron, pero su insistencia en ver a la niña era tal que prefirieron llevarla a donde se encontraba la criatura que enfrentar nuevamente su ira. Al acercarse a la cuna donde la niña recibía oxígeno la miró con desconfianza.

"Esta no es mi hija, esta no es la hija de Johnny," les informó con expresión seria y amenazadora a los que la observaban con cautela. A pesar de las explicaciones que recibía al respecto, su furia empezaba a crecer otra vez, pero desapareció en segundos luego que caminó al otro lado de la cuna y al mirar el otro perfil de la niña concluyó que era efectivamente su hija y la hija de Johnny. "Es preciosa," dijo ahora en un tono calmo y dulce que sorprendió al personal. "Miren," siguió mientras señalaba con su mano la nariz de su hija, "tiene la nariz de Johnny."

El personal médico prefirió no contradecirla y asintió amigablemente. La encaminaron hacia su habitación mientras ella hablaba animadamente del futuro que tendría junto a su hija que decidió llamar Dolly.

Lucy

Mili regresó al trailer y miró con desagrado lo que la rodeaba. Asqueada por lo que hasta ahora no la había perturbado, decidió irse de allí. Acostó a Dolly sobre su cama, juntó sus escasas pertenencias y se fue sin saber a dónde quería llegar. Esta vez sin embargo no pudo alejarse demasiado. El llanto incesante de Dolly la obligó a detenerse antes de que ella hubiera decidido que había llegado a destino.

"¿¡Qué diablos querés!?," le preguntó irritada a su hija. Malhumorada ante el inconveniente de tener una recién nacida a la que tenía que alimentar, estacionó frente a una pequeña despensa al costado del camino en busca de leche en polvo. "¡Callate maldición, ya te voy a conseguir algo para taparte el cuajo, yo también tengo hambre y no armo escándalo!," le dijo frustrada a la niña mientras se bajaba del auto y la dejaba entre los bolsos en el asiento de atrás. Luego de varios minutos de caminar entre los estantes que parecían tener de todo menos lo que ella necesitaba, se acercó a la caja, una lata de leche en su mano. Miró de reojo y con interés al hombre que estaba comprando cigarrillos. Maldijo para sus adentros por haber perdido su figura a consecuencia del embarazo y sin disimular demasiado desabrochó varios botones de su blusa y se acercó en forma provocativa al hombre que hasta ahora no parecía haberla notado. Pretendió no verlo y lo chocó con su cadera.

"Perdón, perdón, no te vi," le dijo mientras trataba de rozarlo con sus pechos. "Yo soy Lucy." Inició así una conversación con el extraño al que invitó a vivir con ella, aunque aún no tenía a dónde ir. Convencida ahora de que gracias a su hija, cuyos gritos eran audibles, había conocido a este hombre, se sintió irresistiblemente entusiasmada y optimista. El hombre, que se presentó como Jack, rechazó la oferta de vivir con ella dado que él tenía su propia casa al lado del taller donde trabajaba como mecánico. Al ver que Mili tenía una recién nacida consigo, perdió el momentáneo interés en acostarse con esta extraña que se le había ofrecido casi sin que él se diera cuenta. Ella, desilusionada y herida en su amor propio, caminó hacia el auto que había dejado en marcha. "Todo por tu culpa," acusó a Dolly mientras abría la puerta. Jack estaba a punto de entrar a su camioneta cuando sintió pena por la niña que lloraba de hambre. Se acercó al auto que Mili no lograba hacer arrancar y las invitó a vivir con él hasta que encontraran una vivienda. Con una gran sonrisa y su orgullo restablecido, tomó a Jack del brazo y fue caminando con él en dirección a su vehículo, indiferente a los gritos de su hija. Jack se detuvo y la miró sorprendido. "¿Qué pasa?," Lucy preguntó inocentemente.

"¿No te olvidaste de nada?"

"Ah, sí, la nena...la podés traer. Sentala donde tengas lugar."

Pocos minutos después llegaron a su casa que aunque modesta, Mili miró deslumbrada mientras él bajaba sus bolsos del auto. Confundido ante la actitud indiferente que Mili tenía para con su hija, levantó a Dolly en sus brazos y le preparó la mamadera que la niña devoró en pocos minutos. Con el pretexto que debía volver al taller se fue por unas horas. Cuando volvió encontró madre e hija dormidas con el televisor prendido. Preparó la cena y esperó hasta que Mili se despertara para comer con él. Dolly se despertó primero y su llanto no tuvo ningún efecto en su madre que dormía indiferente a las necesidades de su hija. Jack, aunque soltero y sin experiencia, estaba dispuesto a hacer todo lo posible para calmar a la beba. Pensó si despertar a Mili, pero optó por alimentar a la niña una vez más.

Lo que pareció ser un incidente aislado se transformó en una rutina. Los días y semanas fueron pasando y Mili ni buscaba vivienda ni se ocupaba de las necesidades de Dolly. Lo que es más, Jack se encargaba de cuidar a Dolly, cocinar y pagar los gastos que habían aumentado muy a su pesar. Mili pasaba los días frente al televisor, dormía a cualquier hora y no parecía recordar que estaba viviendo a expensas de un extraño. Cuando se sintió físicamente recuperada, se deslizó bajo las frazadas de Jack, quien no estaba convencido de que quería una relación con la mujer que le resultaba atractiva pero que estaba empezando a despreciar. Pero casi sin quererlo se transformaron en una familia. Jack aprendió a no preguntar acerca del padre de Dolly o del pasado de Mili. Por momentos creía sentir cierto afecto por Mili, pero no sabía a qué atenerse, no la entendía, nunca había vivido con una mujer así. Sus arrebatos de furia lo confundían y añoraba la paz que había tenido antes que Mili entrara en su vida, pero a pesar de eso, luego de varios meses decidió que no la iba a echar de su casa por el afecto que le había tomado a la criatura. Mili exigía cada vez más de Jack física y emocionalmente. Su presencia lo sofocaba y cuando él encontraba una excusa para alejarse por unas horas, ella lo atacaba con sus celos infundidos. Varias veces había entrado al taller con el pretexto de que lo necesitaba para algo urgente y cuando él interrumpía su trabajo y dejaba al cliente creyendo que había ocurrido algo terrible, ella se alejaba indiferente a su consternación. Jack estaba empezando a creer que ella a veces disfrutaba del enojo que provocaba en él. De la misma manera que lo infuriaba, se brindaba a él con una pasión que él no podía reciprocar.

Mili amaba e ignoraba a Dolly con la misma intensidad que demostraba hacia Jack e irrespectivamente de las necesidades de la niña. Se sentía cada vez más aburrida, extrañaba sus noches en los bares, la presencia de hombres, la novedad y excitación que le daba salir con desconocidos. Sólo cuando iniciaba una pelea con Jack y hacía que él se enfureciera, se sentía estimulada y viva. Sus peleas eran casi siempre por plata o por el cuidado de la casa o de Dolly. Mili sacaba plata de los ahorros que Jack tenía en la cómoda del dormitorio sin pedirle permiso o decirle para qué la necesitaba. La gastaba en chucherías, juguetes para Dolly, caravanas y pulseras para ella, o cualquier otra cosa que en un determinado momento le resultara interesante y que generalmente dejaba olvidada pocas horas después. Cuando Jack notaba la ausencia del dinero y le preguntaba por él, ella lo acusaba de avaro y egoísta y comenzaban a gritarse mutuamente hasta que ella rompía cualquier objeto que tuviera cerca contra el piso o lo atacaba con sus puños. El día que Jack no pudo pagar las cuentas a consecuencia de los gastos en los que ella había incurrido, le sugirió buscar trabajo. Para su sorpresa, ella lo aceptó con inesperado entusiasmo. Pocos días después empezó a trabajar en la línea de montaje de una fábrica. Salía todas las tardes, cuando Jack estaba por cerrar el taller y volvía en mitad de la noche. El entusiasmo por el trabajo le duró menos de dos semanas. Convencida de que la mujer que trabajaba a su lado la vigilaba y se quejaba de ella al capataz, la atacó primero con insultos y luego con los puños lo que provocó gran escándalo en la fábrica y resultó en su expulsión antes de que cobrara el primer sueldo. Jack, frustrado por las dificultades en las que se encontraba y sin saber cómo solucionar el caos en el que vivían, optó por ignorar a Mili y concentrar su atención en Dolly que ahora empezaba a caminar.

Cuando Dolly cumplió un año, Mili decidió que ella se merecía festejar el día más que la niña. Sentía una intensa sed por alcohol. Hacía más de un año que no se emborrachaba y no le costó convencerse de que unos pocos tragos no le harían daño, al contrario, pondrían un poco de color en su vida, tan monótona y sin futuro. Esa noche no volvió a la casa.

"¿Dónde te metiste?," le preguntó Jack furioso.

"¡Como si a vos te importara, vos, que no me das nada, vos que me tenés acá encerrada como a una esclava. A vos no te importa nada de mí, es todo tu culpa, vos que sos un fracasado!," le contestó a los gritos.

Jack cerró sus puños con fuerza, creyó que si no se controlaba le pegaría y echaría de la casa, pero el llanto de Dolly lo distrajo y la tomó en brazos. "No Dolly, no te asustes, yo estoy acá," trató de calmar a la niña. Jack prefirió ignorar las escapadas de Mili a arriesgar perder a la niña. Mili, que se sentía ahora más libre y consciente de cuánto había perdido en ese último año por haberse quedado junto a Dolly y Jack decidió no perder más tiempo y aumentó la frecuencia con la que iba a la taverna a varias veces por semana. A veces, completamente borracha, iba de bar en bar buscando a Johnny. Nunca volvía antes del amanecer y cuando entraba a la casa se colapsaba en el sofá y dormía hasta el atardecer. Cuando finalmente se despertaba, nauseada y con dolor de cabeza, despeinada y desprolija, arrastraba sus pies descalzos hasta la heladera de donde sacaba una cerveza que tomaba de varios sorbos. Pocas horas después se iba al bar otra vez.

"¡Andate cría, andate!," eran las palabras con las que recibía a Dolly cuando ésta se le acercaba para mostrarle un juguete o para pedirle algo. Una mañana, cuando Dolly tenía dieciocho meses y dormía en una cama portable en el living, Jack la fue a ver antes de ir al taller y se encontró con un hombre desnudo durmiendo al lado de Mili, igualmente desnuda. Su furia fue tal que despertó al hombre a los golpes y antes que el otro pudiera pararse para devolver los golpes lo echó a la calle dándole varias patadas. Recogió la ropa que Mili había desparramado por el piso con una mano y con la otra clavada en su brazo la levantó a la fuerza, mientras ella gritaba y pataleaba y de un empujón la tiró en la vereda. El hombre se levantó y enderezó con dificultad y cubriéndose como podía se escapó corriendo. Mili, roja en la cara, los músculos tensos como cuerdas por la furia que tenía, abrió la puerta y desnuda frente a Jack y su hija, ahora despierta, agarró todos los objetos que tuviera a su alcance y los tiró contra Jack, una pared, o lo que encontrara primero. "¡Hijo de la gran puta!," le gritaba mientras lo atacaba con los objetos, "¡es por vos que estoy acá perdiendo mi vida, me arruinaste la vida!" Dolly ahora lloraba asustada y extendía sus brazos hacia Jack pidiendo que la levante.

"¡Qué quiere esa cría! ¡Llevátela, es tuya, no es mi hija, una porquería, es una porquería llorona!" Estaba por lanzarse hacia Dolly cuando Jack la frenó y de un empujón tiró contra el piso. Al caer tiró una silla y enfurecida la agarró por las patas y tiró contra Jack que apenas la esquivó.

"¡Loca borracha, eso sos, una loca borracha! ¡Andate de esta casa, andate a putear a otro lado, no tenés vergüenza de nada! ¡Mirá a tu hija! ¿Qué te creés que ve? ¡Una puta! ¡Eso sos!"

Jack se acercó a Dolly y la levantó en sus brazos para calmarla. Mili, tirada desnuda en el piso, despeinada con toda la pintura de la cara corrida, lanzó un grito que fue seguido por llanto. "¡Jack, mi amor, no me eches, te quiero tanto, sos el amor de mi vida!" Lloraba y gritaba al mismo tiempo y con dificultad se enderezó y sin recobrar completamente el equilibrio, tambaleándose, llegó hasta la entrada a la cocina donde

Jack le daba una mamadera a Dolly que comía acurrucada contra su pecho.

"Mirá tu facha, das lástima y asco," le dijo Jack con desprecio al verla contra el marco de la puerta, las raíces negras apareciendo entre el pelo pintado de rubio, la cara cubierta de lápiz negro corrido, moretones cubriendo su cuello y brazos.

Su llanto paró de inmediato y miró a Jack y su hija con una mirada desafiante y despreciativa. Sin decir una palabra se enderezó y fue hasta el baño. Volvió varios minutos después, ahora vestida en una pollera de cuero y buzo apretado y con calma le informó, "Tal vez quieras llamar a una ambulancia, acabo de tomar todas la pastillas del botiquín. Si me muero es tu culpa." Jack la miró, su rostro indicando sorpresa e incredulidad y mientras sostenía a Dolly en un brazo llamó a una ambulancia con la otra mano.

Jack eventualmente le pidió perdón a Mili por su comportamiento y siguieron viviendo juntos. A veces se peguntaba si debía casarse con Mili. En su afán de brindarle a la niña más posibilidades de las que parecía tener en este momento, creía que de transformarse en el padre de Dolly tendría más derechos sobre su futuro. Temía que Mili sobrellevada por alguno de sus impulsos, podría desaparecer en cualquier momento y llevarse con ella a Dolly para criarla en condiciones inimaginables. Dolly claramente lo prefería a él más que a su madre, que alternaba en su relación hacia ella entre abandono, asfixiante demostraciones de afecto y palabrotas que surgían de ella sin ninguna lógica. Satisfecho con su lógica, decidió ofrecerse en matrimonio a la mujer que le resultaba cada vez más intolerable.

"¡Ay amor, amor!," le respondió Mili cuando él le propuso matrimonio y lo abrazó y besó con su alegría ebullente. De inmediato comenzó a hacer planes, aunque sus vidas no iban a cambiar tanto, y por los próximos días estuvo de un inesperado buen humor y ni siquiera fue a los bares. Sin embargo cuando Jack le ofreció adoptar a Dolly su actitud cambió.

"Johnny,¿cómo me pude olvidar de Johnny?," preguntó como si de golpe hubiera sido atacada por algo. Jack la miró estupefacto y no logró decir nada porque Mili siguió hablando consigo misma mientras caminaba sin dirección por la cocina sin esquivar las sillas, chocándose contra ellas y dejándolas en el medio en desorden.

"Johnny," dijo como si él pudiera escucharla, "ya te vamos a encontrar, tu hijo y yo." "Lucy,¡¿qué estás diciendo?!," le preguntó Jack ahora exasperado, "vos no tenés un hijo, ¡¿cómo podés decir tal tontería?!"

Furiosa ahora por la interrupción que la sacó del trance en el que parecía estar, le tiró a Jack con un plato que se quebró contra la pared cuando él lo esquivó y de un portazo cerró la puerta del fondo y se fue. Convencido de que volvería de madrugada, borracha y drogada, Jack decidió proseguir con las tareas del día y no preocuparse demasiado por ella; no era la primera vez que tras un ataque de ira ella se iba y volvía horas después como si no hubiera pasado nada. Pero esta vez fue distinto, Mili no volvió. Jack dudó si hacer la denuncia, pero decidió no hacerlo. Convencido de que las autoridades le quitarían a Dolly, quien pasaría de orfelinato a familia adoptiva y nunca más la vería, optó por no hacer nada y seguir criando a

Dolly que después de todo era lo que había hecho por casi dos años.

Brandy

Mili no volvió aquella noche porque en su embriaguez se convenció de que había visto a Johnny subirse a una camioneta y decidió seguirla hasta poder alcanzarlo. Cuando amaneció, no sólo no había alcanzado al vehículo sino que no sabía dónde estaba, cómo había llegado ahí ni para qué se había metido en un auto que no era suyo. Pero no se preocupó demasiado. Tenía sed y necesitaba encontrar un bar. Luego de varios tragos se empezó a sentir mejor. Repentinamente fue invadida por una sensación placentera, se sintió libre. Estaba harta de Jack y de esa niña llorona y exigente que no estaba segura era su hija de todas maneras. A veces se preguntaba si realmente no le habían quitado a su hijo para darle a esta niña en su lugar. Ahuyentó esa duda que estaba amenazando el bienestar obtenido por su recobrada libertad y decidió que después de todo ese era un buen lugar donde vivir y podía recomenzar su vida.

Sin mayor dificultad se transformó en empleada de otro bar donde alternaba sus días y noches entre atender mesas, bailar semidesnuda y la prostitución. Cuando la echaban de un bar por iniciar peleas con clientes o robar de la caja registradora, se iba a otro pueblo donde comenzaba otra vez el mismo ciclo. Nunca pensaba ni en Jack ni en Dolly, como si no los hubiera conocido o no hubieran existido. Su vida caótica la llevó a conocer hombres más violentos que ella, pero eso no la disuadía de entablar otra relación transitoria o salir con otro hombre igualmente peligroso o peor que el anterior. A menudo despertaba con los ojos hinchados, dolorida por golpes recibidos de los que no tenía memoria. Una mañana la sensación de humedad entre sus piernas la despertó. Al notar grandes cantidades de sangre se levantó como pudo y cayó desvanecida. Despertó en la cama de un hospital donde se identificó como Brandy y fue informada que había perdido un embarazo de más de seis meses. Tras atacar al médico por haberle dado una noticia que ella estaba convencida no era correcta porque hacía años que no veía a Johnny, se fue del hospital y de ese pueblo en busca de otro lugar donde se podría sentir feliz y escapar de todo lo que sentía la oprimía y no dejaba vivir tranquila.

Una tarde, mientras ponía latas de comida y pastillas para adelgazar en su canasta de supermercado, vio una niña rubia caminando al lado de su madre, sosteniendo un oso de fieltro. Aunque no particularmente dada a prestar atención a niños, la voz y palabras entrecortadas de esta pequeña le hicieron recordar a su hija. En ese instante, en forma repentina, decidió volver a Dolly. Salió del negocio sin sus compras, fue hasta el hotel donde vivía, empaquetó sus escasas pertenencias y se fue camino a su hija. Convencida de que tendría una bienvenida como creía merecer, imaginaba la agradable sorpresa que le daría a Jack en cuanto la viera entrar y ella aceptara su propuesta de matrimonio. Estacionó el auto que manejaba sin seguro y con matrícula vencida a media cuadra del taller. Se miró en el espejo retrovisor y se aseguró de que su maquillaje estaba intacto. En forma ondulante y provocativa entró al taller donde reconoció a Jack quien tenía medio cuerpo escondido debajo del espolón de un auto. A su lado había una niña con la que conversaba animadamente. Creyó que Jack vivía ahora con otra mujer y su hija y que ella había sido reemplazada. Los celos la enceguecieron.

"¡Qué rápido te olvidaste de mi, hijo de puta! ¡Y yo que volví para casarme contigo! ¡¿Qué hiciste con mi hija?!," gritó a viva voz obligando a Jack a emerger de la protección del espolón para mirarla con sorpresa.

Se secó las manos engrasadas con un paño sucio y la contempló boquiabierto, las palabras lo eludían. La niña, asustada por la irrupción de esta extraña, buscó protección detrás de las piernas de Jack y la miró con desconfianza.

"¡¿Quién es esa cría?! ¡¿Cómo te atrevés a tenerla en mi casa?!," siguió gritando mientras se acercaba en forma amenazante a Jack. Con fuerza y determinación lanzó su cartera de plástico amarilla con costuras rotas hacia Jack que logró agarrarla antes de que le golpeara la cara. "¡¿Cómo carajo de atrevés a aparecerte después de cuatro años?! ¡¿Qué te creés que sos?!" Jack, furioso por el regreso inesperado y el ataque que había recibido, se le acercó y la agarró de los brazos sacudiéndola con tal fuerza que ella perdió el equilibrio. Mili lo pateó y logró zafarse de sus manos que la estaban lastimando. Jadeante y despeinada, la blusa en desorden, tomó varios pasos hacia atrás mientras Jack no la perdía de vista.

"Esta niña es Dolly," le dijo Jack lentamente tratando de recobrar la calma.

En ese instante Mili transformó su expresión amenazadora en una de profunda ternura y con una sonrisa corrió hacia la niña que ahora lloraba protegida por el auto en el que Jack estaba trabajando.

"Mi amorcito, preciosa, vení con mamá," llamaba Mili a Dolly mientras ésta, al ver que la distancia entre ambas disminuía, corría entre los autos escapándole. Jack, al ver la actitud de pánico de Dolly, la alcanzó y tomó en sus brazos. Ella escondió su cara en su hombro y se aferró a su cuello. Mili, dolorida y furiosa por el inesperado rechazo que ella percibía como totalmente injusto, se detuvo y transformó su reciente expresión de alegría y amor en una de furia otra vez. "Me robaste a mi hija," le dijo con enorme odio, la expresión endurecida por la tensión de sus músculos.

Jack ignoró el comentario y tratando de no atacarla, lo que sabía sería mucho peor, en voz baja pero sin dudar le pidió que se vaya, "Por favor andate, Dolly no te conoce. Seguí tu vida y no vuelvas."

Las palabras de Jack, aunque dichas con la intención de terminar el episodio, tuvieron el efecto que Jack quería evitar a toda costa. Mili, su mirada fija en él, se acercó a ambos hasta que estuvo a pocos milímetros de su cara.

"Ella es mi hija y no es nada tuyo. O la ponés en el piso y me la llevo conmigo o llamo a la policía y les digo que la raptaste y amenazaste con matarnos a las dos. Vamos a ver quién gana."

Jack, que siempre había temido este momento, suspiró para tomar coraje y aunque deseaba agarrarla por sus pelos despeinados y mal teñidos y arrastrarla hasta la vereda para luego patearla y echarla, se contuvo y le habló tratando de razonar con ella. Muy a su pesar e intuyendo que era una decisión que iba a lamentar pero ignorante de otra solución, le ofreció volver a vivir con ellos siempre y cuando ella no usara ni alcohol ni drogas o trayera hombres a dormir a su casa.

"Yo sabía que todavía me querías," le dijo mientras lo abrazaba y besaba. Lo tomó del brazo y fueron caminando hacia la casa, Dolly firmemente agarrada de la mano de Jack, Mili del otro lado, ahora ignorando a la niña.

"¿Qué preparaste para la cena?," preguntó como si no hubieran pasado cuatro años.

Lucy

Dolly desconfiaba de esa extraña que decía ser su madre y que alternaba su relación hacia ella entre la indiferencia, los abrazos y besos que la ahogaban y los rezongos sin razón que la asustaban. Dolly nunca sabía qué esperar de Mili y siempre que podía evitarla lo hacía. Mili no toleraba que Dolly demostrara afecto y cariño hacia Jack y lo agobiaba con acusaciones infundadas. Pero, con el paso de las semanas y los meses, Dolly empezó a mostrar una actitud desafiante hacia Mili que provocaba su furia. Jack notó muy a su pesar que Dolly se estaba transformando en una pequeña versión de Mili, caprichosa, desconcertante. Jack nunca sabía qué esperar de ellas. El trataba de pasar la mayor parte del tiempo en El taller y cuando llegaba de noche, si Mili no había cocinado, lo que era lo más frecuente, lo hacía él, sin hablar por temor a decir algo que sería malinterpretado y comenzar así una pelea que prefería evitar. Gozaba de la compañía de Dolly cuando ella se sentaba en su falda o se dormía mientras él le leía un cuento, pero sus imprevisibles cambios de humor, tan similares a los de su madre, lo asustaban y preocupaban. Peor aún, Dolly había empezado a mentir y volvía de la escuela con objetos que Jack sabía no le pertenecían.

"¿De dónde sacaste esa muñeca?," le preguntaba.

"Mamá me la regaló," contestaba con una mueca que intentaba ser una sonrisa convincente. "¿Cómo te atrevés a acusar a mi hija de ladrona?," la defendía Mili.

Así, con peleas cada vez más frecuentes, Dolly y Mili establecieron una relación altamente conflictiva y turbulenta. Jack se encontraba siempre en el lado que no quería estar, acusado por Dolly, por Mili o ambas, nunca lograba la estabilidad que deseaba. Mili había mantenido la promesa de no usar alcohol o drogas y no había traído hombres a la casa. Jack le estaba agradecido por eso, pero al mismo tiempo resentía que ella no hiciera nada más que gastar la plata que él ganaba sin demostrar interés alguno en buscar un trabajo. La casa era un total desorden, Mili se levantaba pasado el mediodía y no se acostaba hasta la madrugada. Pasaba los días mirando televisión, al igual que lo había hecho cuando vino a vivir con él, siempre ajena al revoltijo que la rodeaba. Cuando recibía llamadas de la maestra de Dolly, minimizaba y descartaba las quejas acerca del comportamiento que mostraba su hija y no le contaba nada a Jack. Se sentía cada vez más aburrida, se miraba al espejo y al ver su figura que ella consideraba atractiva y sensual, se lamentaba por no poder compartir su cuerpo con otros hombres y dárselo sólo a Jack, a quien consideraba cada vez más aburrido y por quien sentía cada vez más rechazo. Convencida de que Jack no se iba a enterar si ella empezaba a ir al bar otra vez, retomó la vida que extrañaba y que le ofrecía más emociones de lo que tenía a diario con Jack y con Dolly. Jack prefirió pasar por alto las ausencias cada vez más frecuentes de Mili y se dijo que la ignorancia voluntaria acerca de sus salidas era para mejor siempre y cuando ella no lo atacara cuando estaba borracha y no influenciara a Dolly. Ésta, no parecía notar la falta de su madre por las noches y ahora con sus diez años actuaba con más independencia de lo que Jack creía prudente.

Dolly, que parecía estar desarrollándose precozmente, tendía a no volver de la escuela en hora, lo que preocupaba a Jack al punto de creer que había desaparecido y cuando entraba en la casa acusaba a Jack de querer controlarla y no confiarle. Ciertamente Jack cada vez le confiaba menos. Varias veces Jack había notado la falta de algunos billetes y cuando le preguntó si ella los había sacado de su billetera, fue atacado por madre e hija, quienes se sintieron acusadas sin razón. Dolly tenía once años cuando Jack encontró puchos de cigarrillos en su cuarto. En vano intentó hablar con Mili acerca del asunto, pocas veces la veía. Cuando decidió hablar con Dolly, porque a pesar de todo él era el único padre que ella había conocido y tenido, la niña se defendió y lo atacó con una furia no disimilar a la que habitualmente desplegaba su madre.

"¿De qué estás hablando Jack? Sos un idiota, mamá tiene razón. Dejame tranquila y volvete al garage." Se dio media vuelta y lo dejó solo y frustrado.

Cada vez lamentaba más haber ofrecido su casa a Mili cuando la vio sola con una recién nacida. No creía tener las fuerzas necesarias para tolerar madre e hija. Tampoco creía tener la paciencia que se estaba exigiendo y no quería transformarse en uno de esos hombres que le pegaban a sus mujeres como tantos que él conocía. Pero sus preocupaciones fueron en vano. Una mañana cuando fue a despertar a Dolly para ir a la escuela, encontró la cama vacía. Frántico buscó a Mili, pero sin resultado. Cuando estaba por llamar a la policía, encontró una nota debajo de la cafetera que simplemente decía, "Adiós Lucy y Dolly". A pesar del dolor por haber perdido a Dolly, a quien había aprendido a querer como a una hija, tuvo una gran sensación de alivio. Por fin, se dijo. Cuando llegó al taller y abrió la caja fuerte, le había desaparecido toda la plata que había puesto el día anterior.

Bambi

"¿A dónde vamos, mamá?," preguntó Dolly mientras atravesaban zonas áridas y deshabitadas, "¿por qué no volvemos con Jack?" Ahora la niña, que alternaba temores y fantasías infantiles con arrebatos de furia y madurez precoz, estaba confundida y asustada. Su madre, quien la había despertado y metido en un auto sin decirle el por qué ni la razón de tal comportamiento, hacía nacer en ella amor y odio. Ahora no entendía ninguno.

"Callate y no me llames mamá. Ni sé si soy tu madre." Antes que Dolly pudiera pensar una contestación a tal comentario dicho en forma impulsiva, Mili siguió, "Llamame Bambi, como si fuera un animalito salvaje, juguetón y grácil. Recién se me ocurrió el nombre. ¿No te parece que me describe bien?"

"¿Pero, vos no sos mi mamá?," preguntó Dolly temerosa e indiferente al anuncio del cambio de nombre.

"Por supuesto que soy tu madre, ¿de dónde sacaste tal idea? Además sos igualita a Johnny, ya lo vas a conocer," contestó, y sonrió satisfecha.

"¿Quién es Johnny, mamá?"

"Tu padre por supuesto, qué pregunta."

Se instalaron en el primer pueblo en el que pararon a poner nafta al auto. Mili decidió que se quedarían sólo un par de horas, lo suficiente para averiguar acerca del paradero de Johnny y seguirían camino de inmediato. Su búsqueda fue inútil, lo que la frustró y puso de mal humor. "Estoy cansada mamá," se quejó Dolly sentándose sobre las bolsas que habían sacado del auto y colocado sobre el camino de asfalto.

"¡Qué querés de mí, callate o te quedás sin comer hoy. Y no me llames mamá, decí que sos mi hermana. Lo único que faltaba, que la gente se crea que sos mi hija!"

Confundida, Dolly se puso a llorar. "¿Por qué no volvemos con Jack?," pedía entre sollozos. Eso enfureció a Mili aún más y roja en la cara agarró a la niña de un brazo y la sacudió y amenazó, "Nunca más me nombres a ese inútil y mantenete callada o te doy una paliza de la que nunca te vas a olvidar." Dolly calló, pero en lugar de mirarla con miedo la miró con desafío, soltó su brazo de la garra de su madre, se paró y metió en el auto. No le habló a Mili por el resto del día y durante la noche, mientras Mili roncaba desparramada sobre la cama del motel donde finalmente pararon, se deslizó en silencio hasta el bolso de su madre y le sacó varios billetes que escondió entre su ropa. Al día siguiente Mili decidió que se quedarían en ese lugar y se fue a buscar vivienda y trabajo. Volvió al motel a buscar a Dolly varias horas después y encontró a la niña comiendo caramelos frente a la televisión. Sin preguntar de dónde había sacado esos dulces, si tenía hambre o si estaba asustada por haber despertado sola en una pieza de motel, juntó sus bolsas y con la orden "Vamos", dejaron la habitación y se dirigieron a lo que sería su vivienda por los próximos cuatro años. Mili dejó a su hija en el remolque y se fue al bar.

Esa era la rutina que caracterizó sus vidas: Mili ausente, Dolly responsable por su vida. Madre e hija se encontraban brevemente al atardecer, cuando Mili se levantaba y Dolly abría alguna lata de comida para preparar su cena. Cuando la niña se iba a dormir, Mili salía para no volver hasta el amanecer. La mayor parte de las mañanas, cuando Dolly se despertaba para ir a la escuela, encontraba algún hombre durmiendo en la casa. Lo ignoraba, se iba, y nunca encontraba el mismo al regreso. No se atrevía a preguntarle a su madre ni por Jack ni por Johnny y si Mili le preguntaba algo, le contestaba con una mentira. Cuando Mili notaba que la niña tenía nuevas ropas o discos, aceptaba las respuestas que recibía sin cuestionar su veracidad. Si la maestra intentaba hablar con Mili a consecuencia de alguna pelea que Dolly tenía con otro niño, o para quejarse de su acciones irresponsables, Mili no contestaba el llamado o minimizaba el problema olvidando el asunto pocos minutos después.

Dolly se transformó en una adolescente antes de que ella o su madre estuvieran listas para tal hecho. Su cuerpo maduró antes que su sentido común lo que trajo consigo nuevos conflictos con Mili quien no estaba dispuesta a tener otra mujer en la casa. Ahora Dolly no se contentaba con huir de la vivienda por las mañanas al ver que había un hombre, se paseaba por la pieza en forma provocativa antes de vestirse hasta que lograba atraer la atención del extraño. Si Mili se despertaba al escucharlos, echaba al hombre a patadas, tirando todo lo que tenía a su alcance hacia él y atacaba a Dolly a arañazos. Pero, todas las otras veces, Dolly compartía con su madre el hombre que ella había traído la noche anterior. Dolly ahora pasaba cada vez menos tiempo en el remolque, iba o no iba a la escuela, volvía de noche cuando Mili no estaba, o se iba en cuanto Mili salía para no volver hasta pasada la medianoche.

Un día, cuando Dolly tenía trece años, Mili entró a su pieza buscando un cigarrillo. Sabía que Dolly fumaba y se emborrachaba a menudo, lo que no le importaba. Caminó entre las ropas tiradas y curiosa por las polleras y blusas que vio entreveradas, decidió probarse algunas. Con dificultad subió el cierre, abotonó la blusa y se miró al espejo. Orgullosa por tener más curvas que su hija y convencida de su aspecto aún joven y atractivo, se fue al bar vistiendo las ropas de Dolly. Súbitamente feliz por haber descubierto algo que la sacaría de la monotonía de la que se sentía presa, en lugar de ir al bar donde trabajaba, se alejó de la zona donde vivían y fue a un bar que no frecuentaba. Segura de sí misma y encantada con su apariencia, entró en busca de alguien capaz de admirar lo que ella podía ofrecer y así mantener por unos instantes su frágil y fugaz equilibrio. Se acercó al mostrador luego de mirar brevemente hacia las mesas. De espaldas a ella vio a un hombre que por un momento creyó era Johnny. Subida a la banqueta inició la conversación, provocadora y sensual. Cuando el hombre le preguntó su nombre, le contestó, "Dolly".

Dolly

Indiferente a la presencia de su hija, se drogaba en la casa junto con el hombre de turno. Dolly se mantenía lejos de ella, iba y venía cuando quería y si su madre estaba en la cama con un hombre, cerraba la puerta de su cuarto o se iba. Frecuentemente rechazaba los avances de los hombres que traía su madre, ella ahora podía conseguir los suyos. Madre e hija estaban entrelazadas en un continuo tumulto donde el rechazo y la necesidad mutua se alternaban sin razón. El pánico que las invadía cuando se sentían atrapadas en un vacío oprimente era controlado fugazmente por el presente caótico. Los breves momentos en que una necesitaba de la otra nunca parecían coincidir y si una de ellas pedía afecto, la otra la rechazaba con gritos e insultos y culpaba de toda la miseria que las rodeaba, fuera o no verdad. Cuando Dolly notó la falta de alguna de sus ropas, simplemente robó otras de las tiendas a donde solía ir con sus amigas. Sus encuentros con Mili eran tan infrecuentes que no había tenido oportunidad de ver a su madre en sus vestimentas y cosméticos. Mili mientras tanto, se había teñido el pelo de un color castaño similar al de Dolly y se lo cortó en forma irregular igual al de su hija. Gradualmente comenzó a hablar como Dolly, con inflexiones de voz similares y manerismos que las hacían casi indistinguibles. Cuando Dolly no lo notaba, Mili observaba sus gestos, el timbre de su risa, su paso, y luego la imitaba. Repetía el nombre "Dolly, Dolly" hasta que al mirarse al espejo su imagen se metamorfoseaba en la de su hija. Al verse así se preguntaba ¿dónde está Lucy, qué hiciste con Lucy?. La brecha que las separaba era cada vez más profunda al punto que Mili empezó a considerar a su hija como una extraña que se había instalado en su casa. La observaba ahora con desconfianza. Mili no volvía a la casa por días, a veces por semanas. Dolly deseaba y disfrutaba de esas ausencia prolongadas. Podía traer a quien quisiera sin temor a que su madre flirteara con su nueva conquista.

Dolly había descubierto a quien llamaba su "gran amor", un hombre que acababa de cumplir una condena de diez años en la cárcel del estado y con quien había decidido vivir. Pasaban todas las noches en el dormitorio de Dolly. Mili volvió una noche en que nadie la esperaba. Llegó sola, una botella semivacía en su mano. Había estado tomando desde temprano en la tarde y fue con gran dificultad que encontró la casa. La puerta estaba entreabierta y cedió ante su presión. La casa estaba a oscuras con excepción de una luz tenue que se vislumbraba por debajo de la puerta que comunicaba con su dormitorio y que estaba cerrada. Tropezó con varias sillas al tratar de llegar al cuarto de donde parecían venir las voces que creyó reconocer. ¿Lucy…Bambi…Dolly…? ¿Quién es esa puta?, se preguntó horrorizada. Confundida y mareada se acercó a la puerta y escuchó a la pareja. Johnny, esa es la voz de Johnny… esa yira me robó a Johnny, se dijo. Al sentirse traicionada el dolor y la furia la consumieron como una llama y se apoderaron de su siempre frágil y ahora inexistente sentido común. Partió la botella en dos al golpearla contra la pared, líquido caliente desparramándose por la pared descascarada y sus zapatos embarrados. Abrió la puerta de golpe y encandilada por la sorpresa fue momentáneamente paralizada. Lanzó un grito de horror al ver a la pareja y se arrojó sobre ellos asaltándolos con la botella que no había soltado y que blandía como un puñal ante los gritos de pánico de Dolly y la reacción instintiva del hombre que trataba de controlar el asalto. En el caos que siguió su intrusión y ataque, hirió al hombre. Más fuerte que ella y en control de sus reflejos, él se abalanzó contra ella y la empujó a través de la pieza haciéndola caer contra la pared, su boca abierta, la botella finalmente rodando por el piso. En ese momento Dolly la atacó con una silla hasta que sus brazos perdieron las fuerzas, su respiración agitada, su piel cubierta de sudor. El hombre contempló esa escena donde la mujer cubierta de sangre no se movía y escapó. Dolly permaneció inmóvil varios minutos mirando con indiferencia a su madre sin intentar saber si aún vivía. Se dio vuelta, le dio la espalda y acercó a la pila de ropas que cubría el linóleo gastado. Se vistió lentamente, puso en el bolsillo de sus jeans la plata que encontró en la billetera que el hombre había olvidado y salió de la casa para nunca más volver. Caminando sin apuro se alejó, una sonrisa en los labios y una hija creciendo en su vientre.

MALVONES

"Venga Albita, es hora de ir a hacer nuestra caminata," la ayudante de enfermera le dijo a la vieja, su voz forzadamente paciente. La vieja, sentada sobre su silla ortopédica, apoyó la mano atravesada por gruesas venas y los dedos artríticos sobre el bastón de madera caoba y la miró con desconfianza de reojo. Antes de que Mirtha pudiera darse cuenta, el golpe del bastón sobre sus anchas nalgas la hizo gritar de sorpresa y dolor.

"¡Ouch! ¿Pero qué está haciendo Albita? No puede pegarme, abuela. Venga, vamos a caminar." Otra vez la vieja le pegó un bastonazo, esta vez seguido de una diatriba de palabrotas e insultos.

"Te pego en el culo, andá, andá." Furiosa, Alba tuvo que ser controlada por cuatro enfermeros musculosos que acudieron en ayuda de Mirtha quien sobresaltó al personal de la casa de ancianos con sus gritos. No sin poca dificultad doña Alba fue sosegada y amarrada a su silla.

"Se despertó como loca," se quejó Mirtha a su supervisora. "Se pone así por las tardes, y Dios nos ayude esta noche, promete ser mala."

"Putas, son todas putas," seguía gritando la vieja, sin mirar a nadie y agitando su bastón en el aire antes de que fuera confiscado por Juan, uno de los varios encargados de cuidarla. "Vamos, vamos abuela, calmesé, no es para tanto."

Alba siguió musitando en forma inintiligible, hasta que Juan logró que tomara los medicamentos luego de lo que dormitó por unos minutos. Cuando el personal creyó que reinaba la calma nuevamente, fueron espantados por los gritos de la que ocasionaba los peores disturbios en ese hogar donde se suponía que los viejitos pasarían los últimos días o meses, si tanto, de sus vidas.

"¿¡Dónde está Azucena!? ¿¡Dónde se metió!?," gritaba ahora. Mirtha se aproximó con cuidado, asegurándose de que Alba no tenía el bastón. No estaba dispuesta a recibir más golpes. "¿Decime Albita, quién es Azucena?," le preguntó con cautela.

"Salí de acá, vos no sos Azucena," la riñó enojada. "¿Dónde está Azucena?", siguió repitiendo sin parecer cansarse. Mirtha, que estaba empezando a perder la paciencia, la que no era particularmente excesiva, sobre todo cuando pensaba en todas las cuentas para pagar, la plata que nunca alcanzaba y el trabajo agotador que tenía, alzó la voz y la tuteó denotando así su frustración. "Albita querida, si no te calmás vamos a tener que llamar a Jorge y decirle qué mal te estás portando."

"Andate loca andate. ¿¡Dónde está Azucena!?," su voz chillona resonó en todas las habitaciones. Ignorando la amenaza de Mirtha la siguió rechazando. "¡Dejame tranquila, andate, andate!" Los gritos eran acompañados por movimientos incesantes de su cuerpo, que había encogido desde su tamaño adulto al de una miniatura de mujer ahora pequeña y encorbada, que trataba de escabullirse por debajo del lienzo con el que había sido atada. Estaba tan agitada y furiosa que escupía saliva.

"Mirá Alba," le dijo Mirtha alzando su voz en forma ominosa, "vamos a llamar a Jorge, él ya te va a calmar." El nombre de su hijo asociado con el

ultimátum de su presunto poder no pareció afectar a
Alba en lo más mínimo y sólo después de recibir el
calmante que Jorge había aceptado le dieran "sólo en
caso de emergencia" se durmió.

Jorge Núñez, arquitecto de renombre y prestigio,
no recibió la llamada urgente de la casa de ancianos
con mayor entusiasmo. En realidad, cuando su
secretaria interrumpió su reunión acerca de un nuevo y
promisorio proyecto para informarle que se lo requería
inmediatamente al teléfono, levantó el tubo con
trepidación porque sabía que una llamada en mitad de
la tarde acerca de su madre indicaba algún problema.

"Disculpe que lo molestemos al trabajo,
arquitecto," empezó la directora de la casa, siempre
cordial cuando se trataba de algo que sabía iba a
molestar y agravar al hijo de algún anciano, "pero su
madre ha estado muy difícil, fuera de control diría, con
decirle que le ha pegado a su enfermera y no para de
gritar. Le dimos un calmante y ahora está dormitando.
Ciertamente no queremos estorbar, pero ¿sería gran
inconveniente si pasa por acá a la nochecita?"

Accedió al pedido después de brevemente
considerar sus opciones. Era preferible visitar a su
madre en mitad de semana y tratar de calmar no sólo a
ella sino al personal, a tener que empezar a buscar otro
hogar de ancianos si era echada de este por su
comportamiento. No cabía ninguna duda de que no
podía traerla a vivir a su casa, Jenny no se lo
perdonaría nunca. "Ni se te ocurra traerla a vivir con
nosotros, vos no estás nunca en casa y yo estoy
ocupada con los niños y mi trabajo. No me puedo
ocupar de tu madre encima de todo lo que tengo que
hacer," le había dicho firmemente cuando decidieron

que Alba era incapaz de vivir sola en su casa. Y desde ese entonces, Alba pasó por tres hogares, cada uno de los cuales tuvo que transferirla a otro proveído de empleados más expertos en tratar con ancianos como ella, que de a poco iban perdiendo todo control de sí mismos.

"Gracias por haberse tomado la molestia arquitecto," lo recibió la directora complacida, "pero no sabíamos cómo calmarla y se ha puesto muy agresiva." La directora de la institución trataba de mantener una precaria estabilidad entre la frustración de su personal, que tendía a renunciar poco después de haber sido contratados y los hijos o nietos de los viejitos que esperaban que ellos, extraños, tuvieran una paciencia y destreza que la familia ya había perdido, si es que alguna vez la había tenido.

"No se preocupe señora, ¿dónde está mamá ahora?" ¿Qué otra cosa podía hacer que calmar a la mujer y al resto de esos histéricos que no sabían cómo controlar a una vieja que no pesaba ni la cuarta parte de la mayoría de ellos? se dijo mientras trataba de forzar una actitud cordial. Fueron interrumpidos por la voz estruendosa proveniente de uno de los dormitorios, "¡Enfermera, enfermera!"

"Ahí la tiene arquitecto, durmió unas pocas horas y ya empezó a los gritos otra vez," comentó la directora. Se dirigieron al cuarto de Alba seguidos por Mirtha, que había accedido a quedarse unas horas más si le pagaban doble por el trabajo extra, y otros dos ayudantes con aspecto de boxeadores profesionales. Tanta gente no cabía en el cuarto, no solo por su diminuto tamaño sino porque estaba repleto de muchas de las pertenencias que Alba había acumulado desde los tiempos de recién casada, ahora amontonadas una sobre la otra. Una cómoda vieja cubierta de fotos de los nietos que Jenny se había ocupado de enmarcar, fotos de su familia de origen, padres, hermanos, todos ya muertos, se mezclaban con chucherías que Jorge y Jenny le habían traído de distintos países que habían visitado a través de los años. Su máquina de coser a pedal, considerada por muchos una reliquia, estaba cubierta por una mantilla que una vez había cubierto sus hombros.

"Por fin viniste," le dijo a Jorge a manera de bienvenida pero en tono de reproche antes de que él pudiera saludarla.

"¿Qué pasa mamá?," preguntó el hijo mientras acercaba una silla al lado de la de su madre, con aspecto cansado, despeinado, la corbata ya sin nudo, el saco en la mano.

"Me robaron la billetera, acá son todos unos ladrones. Llevame a casa." Alba mantenía un tono de voz firme y determinado.

Mirtha y la directora escuchaban atentamente la conversación desde la puerta, los forzudos conversaban en forma animada en el pasillo y otros ancianos gritaban a lo lejos. Jorge se frotó la cara con las manos, respiró profundamente como para darse coraje, y con voz calma y clara, como si hablara con alguien incapaz de entender su idioma le preguntó, "Mamá, ¿te fijaste bien en los cajones de la cómoda? Tal vez sin querer la pusiste en algún lugar difícil de encontrar. O tal vez está en la mesa de luz, ¿miraste ahí?" Jorge no lograba hacerla razonar a pesar de sus esfuerzos.

"Por supuesto que miré en todos lados, qué te pensás. Acá hay ladrones te digo, además me están envenenando con todas esas pastillas. No las voy a tomar más."

Jorge se inclinó más hacia ella y siguió hablándole en forma calma, sentía que podía perder la paciencia y empezar a gritarle en cualquier momento. Cuando la directora y Mirtha escucharon la decisión de Alba acerca de no tomar más medicación, se miraron mutuamente e intercambiaron una expresión de entendimiento mutuo que indicaba que sin medicación doña Alba no iba a durar mucho en esa residencia.

"Mirá mamá vamos a buscarla juntos, yo empiezo a mirar por este rincón y vos seguí pensando dónde la podés haber dejado."

Exasperada, Alba lo interrumpió, "Ya te dije que no la perdí, me la robaron." Jorge comenzó a abrir y cerrar cajones suplicando para sus adentros encontrar la dichosa billetera. Tal como lo había presentido, la billetera apareció cuidadosamente escondida debajo de la cartera que a su vez había sido ocultada debajo de la ropa interior.

"Mirá mamá la encontré," le dijo a su madre con un tono de orgullo no disimilar al de un niño que espera ser felicitado por su madre tras haber completado un deber difícil. "¿Para qué me estás dando la billetera? Acá no hay nada para comprar. Pero, ya que estás dame la cartera y llevame a casa."

Jorge se sintió totalmente idiota, sosteniendo la billetera en la mano, boquiabierto por el desinterés que Alba mostraba ahora por algo que la había agitado tanto pocos minutos atrás. Aunque tenía ganas de tirar la billetera contra la pared y salir corriendo, se controló con dificultad y siguió en el mismo tono de voz calma y paciente que se esmeraba en usar con su madre.

"Mamá, ya te dije que tu casa fue vendida, ahora vivís acá, la gente es buena y te quiere mucho," y de reojo miró a Mirtha y a la directora que como cómplices asintieron al unísono.

"Acá son todos unos ladrones que me quieren envenenar, además," y ahora se acercó a su hijo y le hizo un ademán para que él también se aproximara, "hay un hombre que me espía por la ventana del baño."

Esta vez Jorge no pudo contestar lo suficientemente rápido y Mirtha que había oído la queja respondió primero. "¡Pero Albita, en el baño no hay ventanas!"

Horrorizada por haber sido escuchada y haber recibido tal contestación, Alba levantó rápidamente su cabeza, fijó la mirada en Mirtha y le gritó, "¡Qué sabés vos loquita, vos me querés matar, vos robaste mi billetera!"

"¿Nos pueden dejar solos por favor?," pidió Jorge creyendo que así él podría calmar a su madre. En ese instante sonó el celular. Sorprendida por el sonido, Alba se distrajo momentáneamente.

"¿Qué fue eso?," preguntó.

"Era Jenny, mamá. Quería saber si voy a demorar mucho. Te manda saludos."

"Jenny, Jenny…nunca me gustó esa. Bueno, vamos, tengo que regar los malvones."

"Mirá mamá, me tengo que ir, vuelvo el domingo, como siempre. Tomá los remedios si no el doctor Gómez te va a rezongar."

"Ese es el médico de tu padre, mi médico es Fuentes, el padre de Luisito."

Jorge, en forma disimulada se había acercado a la puerta de a poco. Aunque la seguía escuchando muy a su pesar, sabía que debía irse, escapar de ese lugar lo antes posible, antes de volverse loco. No podía evitar sin embargo contestar y corregir a su madre mientras la mitad de su cuerpo ya estaba en el corredor.

"¡Mamá, papá falleció hace veinte años y el doctor Fuentes se jubiló hace como quince!," le aclaró exasperado. Ignorándolo, Alba trató una vez más de pararse y sacarse el lienzo que la amarraba.

"Te dije que tengo que regar esos malvones, se van a secar. Azucena siempre se olvida de cuidarlos y yo soy la única que se encarga de las flores."

Al escuchar el nombre de su hermana mayor, muerta hacía treinta años, Jorge corrió hacia la entrada sobrellevado por las emociones. Abrió el portón bruscamente y sin cerrarlo huyó hacia su auto antes de que la directora pudiera informarle que a no ser que Alba fuera controlada en el correr de las próximas horas, él, único adulto responsable por Alba, debería encontrarle otra casa de salud. Solo en el auto, los brazos sobre el volante y las manos cubriéndole la cara, Jorge lloró.

Poco después de la visita de Jorge, Alba durmió por unas pocas horas. Nadie se había atrevido a despertarla para darle la cena y su medicación. Los enfermeros a cargo del turno de la noche decidieron que era preferible esperar hasta que ella los llamara en lugar de ser responsables por otro episodio de caos que no sabían cómo lograrían controlar. Además, la directora les había dado claras órdenes de no llamar al arquitecto a no ser que fuera un caso de extrema urgencia. Ellos tenían suficiente trabajo cuidando de todos los otros viejos como para crear más problemas despertando a Alba. Ella ya había anunciado que no tomaría sus pastillas y últimamente tiraba toda la comida que le ofrecían sobre una bandeja al piso, lo que creaba trabajo extra para ellos. Definitivamente, no entrarían a su cuarto hasta que ella llamara. Mientras tanto Alba dormía sobre su cama. Una de las ayudantes que le tenía una simpatía mayor que los demás sintió pena por ella y la desató de su silla, acomodó en la cama y la dejó sola en su cuarto no sin antes decirle, "Alba, no haga escándalos, quédese tranquila y después le traigo algo rico para comer." Esta vez Alba no gritó y se acomodó debajo del acolchado que una vez había cubierto su lecho matriminial.

En algún momento de la noche Alba se despertó con la convicción de que era hora de levantarse para regar los malvones. Se destapó, sentó al borde de la cama, calzó las pantuflas de fieltro sobre sus pies algo hinchados y con la mano izquierda buscó sus lentes sobre la mesa de luz. Una vez que tuvo los lentes puestos y agarrada del borde de la cama logró pararse en forma precaria. Algo temblorosa apoyó sus pies con fuerza sobre el piso de hule y extendiendo el brazo derecho encontró su bastón que estaba colgado del respaldo de la silla. ¿Dónde está la puerta? se preguntó. Titubeando y después de haberse golpeado levemente contra el armario, la mano izquierda extendida frente a ella avanzó a tientas hasta que encontró el pestillo de la puerta de su cuarto que estaba entreabierta. Salió al pasillo iluminado por el reflejo de la luz de la cocina donde el personal de la noche jugaba al truco y lentamente fue buscando la salida. Tras varios fracasos a consecuencia de haber entrado a la habitación de otros ancianos, llegó al portón de entrada. Néstor nunca tranca la puerta, se dijo hablando de su marido, no sé por qué hoy no puedo abrirla. Si no me apuro, pensó, se va a hacer mediodía y no voy a haber regado nada. Después de manipular la llave en varias direcciones la puerta se abrió delante de ella quien con confianza salió a la vereda, anciana ataviada en camisón rosado, pantuflas de fieltro y redecilla sobre el pelo.

Caminó arrastrando sus pies y apoyada en su bastón por unos pocos minutos. Miraba a su alrededor y estaba vagamente sorprendida de no encontrar las flores que buscaba con tanto afán. De repente sus piernas chocaron contra algo grande y duro, perdió el equilibrio y cayó boca abajo sobre ese objeto sin haber soltado el bastón. ¡Ah!, se dijo, por fin encontré uno de los canteros. El quejido proveniente de lo que ella creyó era un cantero la asustó.

"¡Ey, ey! ¿¡Qué es eso!?"

Al escuchar una voz proveniente de debajo de ella se trató de enderezar y comenzó a gritar, "¡Néstor, Néstor, hay un ladrón en el jardín!"

Mientras clamaba por su marido a viva voz, le pegaba bastonazos al hombre quien estaba pasmado ante tal agravio. De manera puramente instintiva el hombre agarró el bastón para interrumpir el ataque de golpes que lo estaba azotando sin merced. Cuando por fin logró arrancárselo de la mano, Alba perdió el equilibrio que había logrado apoyada sobre el flanco del hombre y cayó agotada a su lado.

"¡Eh doña! ¿¡qué le dio!?"

El hombre, vagabundo que había transformado ese rincón del baldío en su domicilio, no pudo evitar sentir cierta curiosidad al ver una vieja en camisón y pantuflas sentada a su lado. Por las dudas, él se había apoderado del bastón.

"Diga doña, ¿no anda media perdida? ¿Por qué mejor no se vuelve a su casa? Estas no son horas para andar por la calle."

"Para que sepa buen hombre, usted está en mi casa y este es mi jardín. Ahora si se mueve un poco me paro y voy a regar los malvones."

"¡Qué pedo tiene doña! ¿¡Qué tomó!?"

"Mire, si quiere ganarse unos pesitos le digo al Néstor que le deje hacer algún trabajo en el galpón," Alba prosiguió ignorando esos comentarios.

"Diga doña, ¿no tiene frío?," siguió él por su cuenta mientras se cubría con una manta agujereada y desflecada y soplaba el vapor de su boca contra las palmas de las manos intentando calentarse.

"¿Cómo voy a tener frío si es verano?," le preguntó sorprendida ante su aparente ignorancia.

El hombre se encogió de hombros dándose por vencido, se dio media vuelta y apoyó su cabeza sobre una almohada manchada y tiznada.

Al sentirse acalorada se abanicó con un pedazo de diario roto que encontró en el espacio angosto que la separaba del hombre. Si no me apuro a regar las flores se va a hacer mediodía y no voy a tener el tuco listo, se dijo. Parece que faltara el aire, no sé por qué, ni un poco de viento, siguió.

"Mirá Beto," le dijo al hombre creyendo que era un amigo de Jorge, "en cuanto tenga la salsita hecha te doy algo de comer. Pero decime ¿cómo es que ya volviste de la escuela? No te habrás hecho la rabona ¿no? Y tu madre,¿ ella sabe que estás acá? Si vos querés te doy el almuerzo pero hoy es martes y tu madre después de ir a la feria siempre cocina los zapallitos. ¿A vos te gustan no?"

Alba conversaba mientras el hombre intentaba ignorarla. La mirada perdida en la distancia, era indiferente a todo lo que la rodeaba.

"¿Sabés lo que estaba pensando?, que tu hermana debería ayudar a tu papá en el almacén, ya es grandecita y tu madre está tan atareada con tu hermanito, pobrecito, tan enfermito y débil." Alba suspiró y adquirió una actitud preocupada al pronunciar estas palabras que denotaban su empatía por las dificultades de esa familia.

"Decime Beto," cambió de tema, "¿qué está pasando con ese atrevido que le pegó una paliza al hijo de doña Ana? Porque yo le dije a Jorgito, donde alguien te pegue a vos, vos devolvésela y dale unas buenas piñas como te enseñó tu padre, contigo que nadie se haga el vivo. Lindo matón ese, mocoso maleducado."

"Sabés," siguió, cambiando su actitud de consternación por una de enojo, "Jorgito a veces me preocupa, tan calladito. Yo le pregunto, ¿te pasa algo? pero parece que no me quiere contestar. Un día se enojó y me dijo '¡Vos sólo querés a Azucena de mi no te importa nada!', pero mirá si eso va a ser cierto. Azucena es mi hija y ella y yo siempre hablamos. ¿Sabés lo que me prometió el otro día?, pero vos no le cuentes a Jorge para que no se ponga más celoso. Me dijo, 'Mamá yo siempre voy a estar contigo y cuando te pongas viejita te voy a cuidar'. Pero yo le dije, 'No, no muchacha, vos te vas a casar y yo voy a cuidar de mis nietos'."

"Decime Beto, tu hermana, la Graciela, ¿va a cuidar de tu hermanito cuando tus padres no estén?"

En ese momento el hombre, quien no había logrado conciliar el sueño a consecuencia de los divagues de Alba se dio vuelta y enfrentándola la sorprendió brevemente con su comentario.

"Doña usted anda confundida como perro en cancha de bochas, yo no tengo ninguna hermana con ese nombre y no me llamo Beto. Ni siquiera sé quién es Jorgito. ¿Por qué mejor no se vuelve al lugar de donde vino y me deja dormir? En un rato tengo que ir a laburar y juntar algunas latas y botellas de este basural."

"Gracielita es una buena muchacha y estoy segura de que va a cuidar de tu hermanito algún día,"Alba prosiguió sin inmutarse, a pesar del sobresalto inicial.

El hombre, harto de la confusión de Alba y de haber sido identificado incorrectamente, levantó la voz y gesticulando con sus manos sucias con tierra y basura y llenas de rasguños y callos, le gritó "¡ Mire fulana, mi hermana se fue de puta! ¿¡me entiende!?"

Claramente exasperado el hombre golpeó con fuerza la tierra que lo rodeaba dándole un puñetazo.

"Vamos, vamos Beto, ¿cómo podés decir eso de tu hermana?," lo reprendió, "¿Qué van a decir tus padres si te escuchan? Además yo sé, que le echó el ojo a Vicente el hijo de Pocha."

El hombre se pasó las manos por su largo pelo greñoso, se tocó la barba crecida y descuidada y miró a su alrededor fijando la mirada en Alba y considerando qué contestar a su comentario.

"Doña, ya ni sé para qué le contesto, pero escúcheme esta, porque no la voy a repetir y a mí no me gusta hablar de mi familia, ¿entiende? Se lo voy a decir clarito y despacito a ver si de una vez por todas le entra en ese marote confundido lo que le estaba tratando de explicar."

El hombre suspiró hondo como tomando coraje y tratando de poner en orden los recuerdos que Alba inadvertidamente lo había forzado a evocar. "Mi nombre no es Beto," empezó pausadamente, "pero eso es lo de menos importancia, llámeme Beto si quiere, yo ya ni nombre tengo. Mi viejo era un curda que tenía un boliche en Paso Molino y un buen día cuando supo que mi hermana, que no se llama Gracielita, andaba en amores con el botija del verdulero, le dio flor de paliza y la muy zorra se escapó. Pero era idiota aparte de zorra y en vez de seguir con ese se encontró un fulano que parece tenía un auto rojo de esos convertibles y se las tomó con él y dejó plantado al hijo del verdulero."

"Un buen día la vi salir de uno de los hoteles del centro agarrada del brazo de un tipo con cara de mafioso, así que "la Gracielita" para que sepa, se gana la vida de puta. Le digo más" agregó, "la vieja se murió de disgusto después que 'la nena se fue por mal camino' como dicen." El hombre habló sin interrupciones, desatendiendo la presencia de Alba. Hacía tanto tiempo que ni hablaba ni tenía contacto con alguien que estaba aparentemente dispuesto a escucharlo que las palabras le brotaban casi independientemente de su habilidad de controlar lo que decía.

A todo esto Alba parecía estar prestando atención cuando le dijo, "Mirá la hora que es Beto y yo sin haber regado todavía. Vos me podés ayudar hasta que llegue Jorgito. Andá y agarrá la regadera."

173

Ahora el hombre, que había empezado a ignorar a Alba sumergido en sus propios recuerdos, continuó sin tomar en cuenta el último comentario de la anciana.

"Para empeorar las cosas, yo ni terminé el liceo y apenas conseguí un laburo con un constructor. Acarreaba ladrillos, esas cosas. Hasta me enamoré, casé y tuve dos botijas, lindos pibes," dijo recordando con una sonrisa. "Peró la cagué en gran forma. Los burros, doña, los burros. Todas las semanas cuando me ganaba unos pesitos, me iba al hipódromo. Al principio gané unos vintenes y le dije a la patrona 'Mirá, si me sigue la buena racha nos vamos a poder ir del rancho'. Pero las buenas rachas no duran mucho,¿vio? Un día ya no teníamos ni para comprar leche para los botijas y mi mujer me echó. Me tiró unos trapos a la calle y se fue con los pibes a casa de sus viejos. Y acá me ve doña, acá estoy. ¿Y ahora qué me dice? Me cree esta historia ¿no?," y dirigió su mirada esperanzada hacia ella.

Alba pareció considerar esa pregunta por un instante y lo miró con expresión que denotaba cierto entendimiento de lo escuchado, pero frustrando las esperanzas que el hombre parecía haber tenido, sus comentarios no le brindaron la conección que él presumió había logrado. "Tu mujer, Beto, la Jenny, a mi nunca me gustó, por más buenita que se haga. Ahora sí mí voy a regar, ¿viste qué lindos están los malvones este verano?"

Apoyando su brazo derecho sobre el hombro del hombre intentó pararse. Se mareó, perdió el equilibrio, y el hombre, quien le había tomado pena a pesar de la irritación que le había provocado, intentó ayudarla.

"Yo puedo sola, andate, andate loquita," lo retó creyendo que el hombre era su enfermera.

"Como quiera doña," le respondió resignado y la dejó semisentada. El hombre, agobiado por los recuerdos, se dio media vuelta musitando frases que quisiera haberle dicho a su mujer, a su hermana, a su madre.

Alba pareció haber olvidado la razón de su insistencia en pararse e ignorando al hombre entabló una conversación en una voz que sonaba infantil, traviesa y algo rebelde.

"Mami, mamita, estoy en el patio," respondía a los fantasmas del llamado de su madre, "Entro en un momento, está lindo afuera, me quedo un rato más antes de que haga mucho calor. ¡No, no quiero ir a la iglesia, quiero ir a la feria con papá!," gritó con determinación como respondiendo al llamado y advertencia de su madre.

"Mamá siempre me hace ir a misa con ella y la nona, pero a mí me aburre," siguió como si alguien la estuviera escuchando en el patio del conventillo. "A mí me divierte ir con papá porque siempre caminamos hasta donde está parado el hombre del organito con la cotorra y me da un papelito con mi fortuna. ¡Qué rico olorcito a tuco!," exclamó y movió la cabeza en dirección al montón de basura que la rodeaba con expresión de deleitarse con el aroma de la salsa que la madre preparaba los domingos. Mientras tanto, el hombre, intrigado y no sin gran asombro ante lo que oía la miraba de reojo con temor a interrumpirla.

"¡No, no y no, dejame tranquila, no voy nada y tampoco voy a regar los malvones, me voy con papá!," dijo con determinación y una vez más intentó pararse ignorando sus crecientes limitaciones físicas. Se miró sus pies hinchados, desbordando las chinelas y agregó desafiante "¡Y no me importa que se embarren mis zapatos y medias blancas de domingo, no me gustan, no me gustan!"

Apoyándose en el hombre una vez más pero inconsciente de su presencia trató de enderezarse mientras que respiraba con creciente dificultad. Con las rodillas semidobladas, agarrada en forma precaria del hombro del hombre, se esforzaba para ponerse erecta sin lograrlo, la mano izquierda aferrada al borde de su camisón y llamando a su madre. "¡Mamá, mamá, esa blusa es muy apretada en el pecho, me molestan los botones, están muy apretados y no los puedo abrir, esa blusa me molesta! ¡Sacame la blusa!"

Trataba de gritar pero no lo lograba, se estaba quedando sin aire. El hombre, asustado por lo que estaba presenciando e incapaz de seguir ignorando el drama que se desarrollaba en su presencia, tomó a Alba por los brazos e intentó sentarla mientras que él se paraba y miraba a su alrededor con la esperanza de encontrar ayuda. Alba lo miraba sin verlo. A lo lejos, un griterío lo forzó a dirigir su atención en esa dirección. Pudo distinguir la voz de una mujer que exclamaba, "¡Directora, directora, encontramos a Albita, corra, corra, llame al arquitecto! ¡Albita, Albita! ¿Por qué te fuiste abuela? ¡ Nos tenías tan preocupados!"

La voz de la mujer que corría hacia ellos con creciente excitación seguida por varias personas hizo que aquellos curiosos que lentamente se iban despertando en esa mañana fría de otoño abrieran sus ventanas para ser partícipes de la conmoción que había surgido en su calle. Apenas audible y con voz entrecortada Alba repetía, "¡Hoy no voy a regar los malvones, no, no y no!" La multitud se acercaba, el hombre la sostenía y miraba con pena. Una sirena se oía a lo lejos.

MATRIOSKA

Amar: Dar sin pedir. Admirar sin criticar. Aceptar sin cuestinar. Esa era yo. Una mujer que complacía sin esperar nada a cambio, que veía a través de los ojos de los que amaba y que había aprendido a pensar lo que otros pensaban. Necesité sobrevivir el dolor y la traición y encontrar luego un gran amor para empezar a entender quién era y qué estaba dispuesta a enfrentar para poder descubrir a esa mujer. Me volví a enamorar a los 50 años. Mi amante tenía 20.

Scarsdale, NY 1958

Creí que mi vida era un parangón de paz y felicidad, que tenía una familia perfecta, un matrimonio ideal. Mi noviazgo, mi casamiento, el nacimiento de mis hijos, habían ocurrido como lo había previsto y soñado. Contemplaba el transcurso de mi vida con satisfacción y orgullo. Mi marido, Julián, con quien me había casado a los 21 años, era el eje alrededor del que mi vida giraba. Inteligente, creativo y ambicioso, era admirado por muchos y especialmente por mí, que sin habérmelo propuesto me transformé en su apéndice. Así aprendí a gustar de todo lo que él gustaba y despreciar lo que él rechazaba. Abandoné los estudios de arte pocos meses después de conocernos. Julián me deslumbró con su personalidad magnética, sus ambiciones de hacerse rico antes de que otros terminaran la universidad, e hizo que yo dejara todo lo que en un momento me importó para enfocar mi vida junto a la suya. Julián había llenado el vacío

que yo no creí ser capaz de llenar por mí misma.
Nuestros dos hijos adolescentes, Pedro y María
Beatriz, completaron la imagen perfecta de una familia
ideal. Por diecinueve años fui antes que nada esposa y
madre. No era Cecilia sino la mujer de Julián y la
madre de Pedro y Beatriz. Veía el mundo a través de
sus ojos, sus éxitos me enorgullecían, sus dificultades
y tristezas preocupaban. No me sentía ni triste ni
frustrada, por el contrario, creí que era feliz.

Recibí mis 40 años con el entusiasmo de quien
espera una nueva etapa y la trepidación de quien debe
aceptar la inevitable madurez. Pero sin proponérmelo
y en forma inesperada mi vida empezó a cambiar el día
que cumplí 40 años. Ese fue el día en que Julián me
anunció que estaba "locamente enamorado" de Sophia,
una azafata de 25 años que había conocido en uno de
sus múltiples viajes. La mañana del 28 de abril, el día
en que comenzó lo que sentí como el final de mi vida,
desperté no sin cierta ambivalencia. La llegada de los
40 me provocaba ansiedad, ¿cómo y cuánto cambiaría
mi cuerpo?¿qué pasaría con esas pequeñas arrugas que
en forma ominosa estaban empezando a rodear mis
ojos? ¿entraría en menopausia? Dudaba, pero al
mismo tiempo sentía una profunda paz y optimismo.
Mis hijos adolescentes estaban gradualmente
estableciendo sus propios intereses y planes, lo que me
brindaba más tiempo libre para estar junto a Julián.
Por fin podría empezar a acompañarlo en sus viajes y
compartir más horas junto a él. Salté de la cama con
entusiasmo, quería abrazar a Julián antes de que se
fuera a la oficina. Sin embargo, oí el ruido del
Mercedes saliendo del garage y al mirar por la ventana
lo vi alejarse en medio de la avenida arbolada.

Convencida de que Julián me estaba preparando una sorpresa que haría mi día inolvidable, lo que luego supe era cierto, me propuse disfrutar del día con los preparativos para la fiesta que haría esa noche. Al atardecer, amigos y familiares vinieron a celebrar mi día como de costumbre. Julián sin embargo, llegó más tarde de lo habitual. Aunque me abrazó y besó frente a decenas de personas que aplaudían y me deseaban felicidades, sentí su actitud distante y forzada. Una vez solos me pregunté si hacerle saber de la impresión que me causó su beso o callar e ignorar esa sensación. Pero no debí preocuparme, Julián habló primero. "Cecilia," empezó mientras yo anticipaba cómo responder para así transformar ese instante en segundos que durarían para siempre en nuestro recuerdo, "tenemos que hablar."

No me atreví a decir nada y lo miré con esperanzas y curiosidad. Sentada al borde de la cama lo vi parado frente a mí, su pelo rubio mezclado con canas que lo hacían aún más atractivo, la camisa desabotonada, el nudo de la corbata ahora suelto.

"No quiero andar con vueltas así que mejor te lo digo ya, antes que te enteres por otros. Me enamoré de otra mujer y me quiero casar con ella. Quiero que me des el divorcio."

En ese instante, segundos después que creí tener todo lo que una mujer necesitaba, se terminó el mundo que me había creado por diecinueve años. Fue tan veloz que en ese momento ni sentí dolor, en realidad y por varios segundos no sentí nada. De la misma manera que recibía las inyecciones en mi niñez cuando una enfermera introducía una aguja llena de líquido y la extraía tan rápido que no sentía dolor, así recibí esa noticia. Mi repentina mudez, probablemente interpretada por Julián como indicación de que quería seguir escuchándolo lo alentó para proseguir.

"Mirá Cecilia," me dijo sin evitar mi mirada, "no te quiero acusar de nada, pero…hace mucho que no soy feliz contigo y con Sophia siento que empecé a vivir otra vez."

Mi expresión debe haber sido una de total incredulidad, tal era mi sorpresa. Mi boca se movía pero las palabras no me salían, quizás porque eran tantas ahora las preguntas que no podía tan siquiera ponerlas en un orden semicoherente.

"No entiendo," fue lo único que atiné a decir, sintiendo que lo que me rodeaba era confuso, borroso, hasta mis ojos parecían no poder enfocar, como si me hubiera vuelto miope de golpe. Julián seguía parado, no parecía atreverse a sentar a mi lado y ahora caminaba por la moquet, gesticulando con las manos, tratando de dar forma a lo invisible, su mirada ahora evitando la mía. Siguió hablando rápidamente como si necesitara deshacerse de su secreto.

"Hace tres años," ¡tres años! me dije y eso me sacó del estupor, "cuando hice el viaje Nueva Zelandia, ¿te acordás?," sí claro que me acordaba, fue durante ese viaje cuando me llamó el día que debía embarcarse para regresar y me avisó que había sido "demorado" y regresaría dos semanas después, "bueno, fue en ese viaje que la conocí."

Por varios segundos interminables ninguno dijo nada. Ahora de espaldas a mí, Julián miraba por la ventana y siguió lo que parecía ser su necesidad de confesar el secreto que había mantenido por años. "Me atrajo su pelo tan rubio y…"

"¡Basta!," le grité. Era suficiente con escuchar que me había engañado con otra por tres años, no quería ni necesitaba escuchar detalles. Me miró sorprendido, como si mi interrupción le hubiera quebrado la imagen de su amante y forzado a volver a la realidad.

"¿Qué pensás hacer?," le pregunté presa de mi actitud habitual de pensar en otros primero y último en mí.

"Creo que lo mejor va a ser que me vaya de casa ahora. Sophia me está esperando en el apartamento…"

"¿Tenés un apartamento?," atiné a preguntar. No podía creer lo que estaba escuchando, no podía gritar, enojarme, pelear.

Acostumbrada a pensar en las necesidades de otros antes que en las mías le pregunté a quien ahora parecía tener todas las respuestas, "¿Qué le vamos a decir a Beatriz y Pedro?"

Julián parecía haber planeado eso también, "Creo que lo mejor es que yo los vaya a buscar al liceo mañana, los lleve a tomar algo y les explique la situación, seguro van a entender."

No podía creer que esto me estaba pasando a mí. "¿Por qué Julián, por qué no hablamos antes, por qué…?," le imploré.

"Cecilia," me interrumpió, "no te quiero más."

Así, simplemente, sin vueltas, sin gritos, nada. Se dio vuelta y desde la puerta del dormitorio agregó "Cuando elijas un abogado llamá a Bill, él me va a representar. Está esperando tu llamada."

William Johnson, pensé, el amigo de la familia que pocas horas atrás había estado en nuestro living festejando mi cumpleaños, él sabía lo que yo tenía en mi futuro mientras que yo ambulaba en mi inocencia.

Me quedé sentada al borde de la cama por varios minutos, no sabía qué hacer, qué decir, a quién llamar, con quién hablar. Cuando creí que Julián se había ido, abrió la puerta y desde el pasillo agregó, "No te preocupes por mi ropa y mis cosas, en cualquier momento paso a recogerlas, por ahora tengo todo lo que necesito," y se fue.

Emití un sonido que no recuerdo si fue un gruñido, un lamento, o un insulto camuflado. Las lágrimas llenaron mis ojos y corrieron por mis mejillas. Lloré y me cubrí el rostro con la colcha, no podía hacer escándalo, no quería molestar ni despertar a mis hijos o al servicio doméstico. El dolor se empezó a apoderar de mí. Fue como una ola que nació en la profundidad de mi ser y se extendió por todo mi cuerpo. Creo haber llorado toda esa noche, porque vi amanecer y aún lloraba. Me preguntaba por qué y me contestaba que seguro la razón era algo que yo hice o no hice, algo que dije o no dije, algún error o serie de errores de los que yo y solamente yo era responsable. Cuando sonó el despertador, agotada y con los ojos hinchados, me duché y vestí mientras trataba de encontrar la mejor manera de hablar con mis hijos y explicarles lo que yo no entendía antes de que Julián lo hiciera.

Con sus 16 y 14 años, Beatriz y Pedro reaccionaron con menos sorpresa y más insensibilidad de lo que yo había imaginado. No parecieron conmoverse como yo lo había anticipado o temido y parecieron estar más interesados en los aspectos prácticos del asunto que en las repercusiones emocionales. Quisieron saber de inmediato con quién vivirían y me informaron que no tenían intenciones de mudarse o cambiar de liceo porque no iban a dejar de lado a sus amigos y en el caso de Beatriz, a su novio de las últimas dos semanas.

"¿No les importa que nos separemos?," les pregunté sin saber si prefería que llorásemos todos juntos y tener que calmarlos y apoyarlos justificando así mi rol de madre indispensable, o que hubieran aceptado tal novedad casi con indiferencia.

"En mi clase todos los padres de mis amigos andan cada uno por su lado, se creen que ellos no se dan cuenta," me informó Pedro mientras masticaba su tostada con la seguridad de un experto en el asunto, "me imaginé que algún día les tocaría a ustedes también."

¿Eso es todo? pensé, ¿algo que "nos tocaría" a nosotros como quien se agarra una gripe?. Antes de que pudiera contestarle, Beatriz habló sin mirarme mientras llevaba el plato de su desayuno a la pileta, "Mirá mamá, qué querés que te diga, yo creo que papá y vos nunca se llevaron bien, ustedes no tienen nada en común."

¡Eso sí que fue una novedad para mí! No pude con mi sorpresa. "¿Qué querés decir?," le pregunté sin creer lo que estaba escuchando, había recibido más sorpresas en las últimas veinticuatro horas que a lo largo de toda mi vida que ahora parecía ser larguísima.

"Es obvio mamá," me contestó indignada ante mi ignorancia.

"No es obvio para mí," aclaré, "tu padre y yo siempre nos llevamos muy bien."

Necesitaba convencerme de que mi matrimonio había sido un ejemplo de compatibilidad, amor y apoyo mutuo. Beatriz se rió mientras que Pedro seguía masticando tostadas que Arancel en su rol de mucama que ve y oye todo pero no dice nada se las untaba con dulce y alcanzaba hasta la mesa.

"Mirá mamá, si vos no te das cuenta de nada mejor preguntale a papá, yo tengo mis propios problemas," agregó Pedro con indiferencia.

¿Mis propios problemas? ¿Qué era todo esto que no podía entender?. Me sentía en medio de una pesadilla, me estaba ahogando y todos apuntaban a mí sin que yo me diera cuenta cómo llegué hasta ahí ni cómo salir. Todo a mi alrededor se derrumbaba y lo peor era mi consciencia repentina de que la convicción de que mi familia era perfecta había sido una ilusión. Beatriz empujó la puerta con su cadera, sus brazos llenos de libros y cuadernos y desde el comedor me informó con indiferencia, "Vuelvo tarde, me voy a estudiar a lo de Rachel". Pedro, se limpió rápidamente la boca cubierta de migas y puso sin cuidado la servilleta arrugada sobre la mesa de vidrio. "Yo también vuelvo tarde mamá, tengo partido de tenis," me dijo y se fue. Me quedé sola, parada en medio de la cocina mientras Arancel juntaba los platos y cubiertos. "¿Le hago un café señora Cecilia?"

Como una sonámbula caminé por la casa, entré y salí de los cuartos sin saber lo que estaba buscando o para qué había entrado en ellos. Finalmente decidí llamar a Casandra, mi amiga y compañera de caminatas, divorciada tres veces, quien no se sorprendió de lo que entre llantos le confiaba.

"Yo pasé por eso varias veces," me dijo, su voz segura demostrando experiencia, "ya te vas a recuperar, los primeros días son los peores, cuando todo el mundo quiere saber detalles. Después te hacés a la idea de estar sola y no es tan horrible."

Estuve tentada a preguntarle por qué entonces ella se había casado tres veces y estaba a punto de hacerlo por una cuarta vez, pero no tenía la fuerza necesaria para escuchar la historia de sus fracasos matrimoniales. Decidí en cambio obtener la información que necesitaba en ese momento, el nombre de su abogado. "Morris es un amor," me dijo acerca de quien la había asesorado durante todos sus divorcios y con quien obviamente había entablado una relación más cercana que la profesional. No me sorprendería si algún día él se transformara en uno de sus cónyuges, pensé. Ese mismo día contacté a Morris Braun, quien junto con William Johnson se encargaron de que Julián y yo no tuviéramos ninguna necesidad de volver a hablar con excepción de un breve saludo o comentario en el juzgado. En lo que debió haber sido uno de los divorcios más veloces y menos complejos en la historia de la jurisprudencia, pocos meses después de la celebración de mi cumpleaños y como regalo inolvidable del comienzo de mi quinta década, me encontré divorciada, con dos hijos adolescentes que pasaban más tiempo con sus amigos que en la casa, sin posibilidades de un ingreso monetario con excepción de lo estipulado en el divorcio que recibiría de Julián y placares semivacíos.

Julián se encontraba con nuestros hijos todos los fines de semana que estuviera en el país, lo que en realidad equivalía a una vez por mes a lo máximo. Pedro y Beatriz, quienes habían sido presentados a Sophia, no dejaban de maravillarse de lo contento que se veía Julián, los regalos que les traían de sus numerosos viajes y lo aburrida y amargada que se me veía.

Pasé por etapas de estupor, incredulidad, desesperación, venganza, reconquista, furia y después de varios años de fluctuar entre un estado y el otro logré encontrar cierto equilibrio y reiniciar mi vida que creí había terminado. A pesar de que por un breve período de aproximadamente dos semanas soñé con reconquistar a Julián, eventualmente tuve que aceptar que se había ido para siempre y que ahora estaba sola. Una de las tareas más arduas de mi proceso fue buscar dentro de mí algún indicio de lo que me resultaba interesante fuera de la devoción hacia mi familia. No podía imaginarme ni describirme como un ser independiente, me seguía percibiendo como otro eslabón en la cadena que formaban mi marido e hijos, un eslabón que nadie notaba pero que permitía que los otros funcionaran rítmicamente. No tenía otra opción que comenzar una vida sin el marido y los hijos que creí iba a tener junto a mí para siempre. No cesaba de recibir consejos aunque no los pidiera; Casandra me decía que lo mejor era encontrar otro marido, rico y sin dependientes, mis padres no podían aceptar que su yerno favorito se hubiera ido con otra e insistían que la única solución era retomar donde habíamos dejado, perdonar una breve indiscreción a la que muchos maridos eran dados y casarnos nuevamente sin albergar rencores. Por varios meses después de la separación, escuchar esos comentarios me agobiaba, sus voces resonaban en mi mente, consejos que llegaban desde todas las direcciones y no dejaban lugar a que yo creara mis propias opiniones. Gradualmente aprendí a ignorarlos y sonreía mientras hacía un esfuerzo para olvidar lo que me decían o cambiaba de tema rápidamente. No volví a ver a Julián y le pedí a

Beatriz y a Pedro que no hablaran ni de él ni de Sophia en mi presencia. Me resultó difícil hacer la decisión dado que tenía una satisfacción casi morbosa en averiguar detalles acerca de su vida en común. Pero escuchar descripciones de la felicidad que ellos compartían era intolerable.

Decidí buscar trabajo. No tenía gran necesidad de suplementar la suma que recibía de Julián, pero necesitaba salir de la casa y distraerme. Estaba hastiada de los almuerzos de tres horas con amigas donde la conversación siempre giraba alrededor de sus maridos, hijos o amantes y cada vez contribuía menos a sus confesiones. Tuve varias entrevistas de trabajo y ofrecimientos de empleo, pero inevitablemente terminaba renunciando varias semanas después. No lograba obtener la satisfacción intelectual que añoraba. El trabajo de oficina con su rutina predecible frente a una máquina de escribir y un teléfono me producía una sensación claustrofóbica, desagradable, como si estuviera en un callejón sin salida, donde debía seguir reglas estrictas y donde no había lugar para creatividad ni individualidad. Sabía que mi gran pasión siempre había sido el arte y si tomaba coraje y aceptaba ciertos riesgos tenía frente a mí una oportunidad que no se me había presentado antes. Sola, con hijos prácticamente independientes y respaldo económico, podía hacer nacer lo que había sido una fantasía cuando estudiaba en la escuela de arte antes de renunciar a mis anhelos profesionales y casarme. Así entonces, luego de consultar con agentes de inmobiliaria, abogados y contadores comencé a buscar un local donde cada detalle sería un reflejo de mi persona, un lugar que pudiera hacer mío.

Eventualmente abrí una pequeña galería de arte a dos horas de Manhattan, en un balneario frecuentado por amantes de playas solitarias y artistas para quienes el océano era una fuente de inspiración. A veces lamentaba no haber tenido el coraje o la iniciativa para llevar a cabo este sueño años atrás. Me resultaba más sencillo culparme por no haber desarrollado mis sueños que aceptar que había sido mi elección tener una familia y hacerla el foco de mi vida para luego ser dejada de lado por otra quince años menor que yo. Afortunadamente esos momentos de dudas y recriminaciones eran cada vez menos frecuentes y mis días transcurrían planeando la apertura de la galería. Con la ayuda de varias amigas pintamos la puerta y los marcos de las ventanas de blanco, lavamos los ventanales, empapelamos paredes, lustramos bronces. Abrimos ventanas y el perfume salado del mar reemplazó el olor mustio que tenía el local cuando entré por primera vez. En un frenesí de energías y entusiasmo conseguimos botellones de vidrio, frascos que ya nadie quería y paragüeros en desuso y los llenamos de flores multicolores que nos hicieron sonreír. Sillas que amigos y familiares habían dejado abandonadas en altillos y sótanos fueron restauradas y ahoran eran parte de una decoración altamente ecléctica e informal. Una vez terminada nuestra obra sentí satisfacción y orgullo. Era mi sueño y estaba en mí transformar todo eso en mi futuro. Concluí que desde mi divorcio hacía ya diez años pasé los primeros cinco lamentándome y los otros cinco recuperándome. Había llegado la hora de empezar una nueva etapa.

East Hampton, NY 1968

Lentamente la galería fue adquiriendo cierta reputación en esa pequeña comunidad que había sido habitada por pescadores y artistas y había sido refugio de amantes por décadas. Conocí artistas locales que no habían podido o querido exponer sus obras en la ciudad y que aceptaron con entusiasmo la posibilidad de mostrarlas en donde habían sido creadas. Rara vez volvía a mi casa en los suburbios. Pedro tenía ya 24 años y estaba por terminar su carrera en Economía. De tanto en tanto venía a visitarme, pasaba una o dos noches en la parte de atrás de la galería, me informaba al pasar cuáles eran sus planes de negocios y se iba muchas veces sin que yo supiera cuándo lo volvería a ver. Beatriz se había graduado en Estudios Internacionales y vivía en París con su novio, un diplomático italiano que había conocido en uno de sus viajes. Según me había dicho en su última carta hacía ya dos meses, vendría de visita en el correr de ese año y existía la posibilidad de que se casara cerca de la familia. De Julián no sabía demasiado, la intensidad de mis sentimientos hacia él y su mujer disminuyeron con el paso de los años y pasaron a integrar la nebulosa cada vez más lejana que incluía mi pasado. Me enteré a través de mis amigas que se casó con Sophia pocos días después del divorcio y tenía ahora dos hijos. Por un instante sentí un dolor agudo, como si una flecha me hubiera atravesado, su curso nítido y exacto. Pero momentos después había olvidado el asunto, habiendo derivado no poca satisfacción al saber que ellos recién empezaban una etapa que yo ya había dejado atrás. Ahora era libre de hacer mis propios planes y decisiones y lo disfrutaba. Aprendí a gozar de las caminatas desde mi casa hasta la galería, de las tardes de tormenta cuando rodeada de pinturas en la galería vacía contemplaba la turbulencia del mar, de los días de verano cuando no volvía a mi casa hasta la medianoche y el perfume del mar, la arena y las flores impregnaban el aire tibio. Aprendí a sonreír otra vez. Pero mi vida empezó a cambiar una vez más una noche lluviosa de invierno cuando volví a mi casa en Scarsdale creyendo que como de costumbre no había nadie allí más que la casera.

Llegué cerca de medianoche, cansada y tensa por haber manejado más de dos horas con poca visibilidad, con dos pinturas en el asiento de atrás que debían llegar a manos de los compradores a la mañana siguiente. Me sorprendió ver una luz tenue a través de la ventana del living. Para peor no pude abrir el garage lo que me obligó a bajar del auto, empaparme al correr hasta la puerta y con dificultad encontrar la llave. Mientras trataba torpemente de hacer entrar la llave en la cerradura, entre el ruido de truenos y la lluvia cayendo sobre las piedras me pareció oír música. Me pregunté de dónde provenía ese sonido que no reconocí como el de una radio o un disco. La intensidad y cercanía del instrumento que parecía acariciar con su sonido cálido y melifluo me obligó a concluir que había alguien en mi casa. Al fin pude entrar, chorreando agua, mi pelo pegado sobre la cara, con lo que debió ser uno de los aspectos más ridículos que haya tenido jamás.

Como estupefacta miré a quien tenía frente a mí y que no parecía haber notado mi presencia. Iluminado por dos velas y tocando un oboe, un hombre se movía en forma ondulante al ritmo de la música que estaba interpretando, transformándose en uno con su instrumento e indiferente a mi inesperada entrada. Era tal la belleza de esa imagen que no me animé a interrumpirlo y me limité a observarlo. La confluencia de su sombra sobre las cortinas, la melodía que emanaba de la unidad que formaba con su instrumento y su estado de total concentración me produjeron escalofríos. Absorta en mi contemplación y olvidando mi mojadura, no me moví hasta que él alejó el oboe de su cuerpo y pareció tomar consciencia de que no estaba solo. Me miró sorprendido y se acercó hacia mí, el instrumento ahora descansando en su mano. Me mantuve inmóvil, mesmerizada. No podía quitar mi vista del ser que se aproximaba.

"Espero no te haya asustado. Pedro me dijo que podía pasar unos días acá. Mi nombre es Stephan, soy el hermano de Jean-Louis, su compañero de estudios," me dijo mientras me ofrecía su mano, su mirada fija en mí, un leve acento evidente.

Por un instante lo único que supe fue que me había enamorado. Como si hubiera caído presa de un hechizo, algo fuera de mi control y mi raciocinio, algo poderoso e inebriante que paralizó todo en mí menos la capacidad de sentir. No fui capaz tan siquiera de presentarme, las palabras me eludían, mientras su mano estrechaba la mía y el contacto me producía una corriente eléctrica que recorría mi cuerpo. En forma abrupta y totalmente inesperada fui poseída por el amor violento, intenso y ciego que se siente en la juventud, en la adolescencia, cuando enamorarse precede conocer al recipiente de esa pasión, cuando una sonrisa, una mirada, una figura llenan el mundo que hasta ese entonces estaba vacío. Seguramente sorprendido ante la presencia de una mujer que chorreaba agua y no hablaba, me preguntó, "Tú sos la madre de Pedro, ¿no?"

"Sí, sí, yo soy la madre, me llamo Cecilia," atiné a contestar mientras trataba de usar todo lo que quedaba de mi sentido común para salir de mi trance. Con dificultad traté de recuperarme y controlar el caos que tenía diseminado por mi cuerpo y mi mente. Intenté presentarme como la mujer de negocios y madre de dos hijos adultos que era ahora, una anfitriona dispuesta a agazajar a un huésped inesperado a medianoche.

"No creí que Pedro invitara gente a casa," le dije mientras me sacaba el impermeable y caminaba hacia la cocina para ponerlo sobre una de las sillas, gotas de agua cayendo rítmicamente sobre las baldozas de mármol.

"Espero que no te moleste, es sólo por unos días, seguro menos de un mes. Cuando Pedro supo que necesitaba un lugar en donde vivir mientras espero una respuesta del conservatorio me dijo que podía usar tu casa, pero si te molesta me voy," ofreció.

"No, no es problema, podés quedarte," le contesté con la parte coherente de mi mente. No debo mirarlo, me decía, si lo miro me voy a ruborizar y voy a aparecer aún más peripatética de lo que estoy. "Voy a buscar más velas, no se ve nada," dije, sin ser capaz de hacer ningún otro comentario capaz de mostrar que tenía un cierto nivel de inteligencia. Caminé sin sentido por la cocina a oscuras hasta que di con el cajón donde guardábamos las velas. Él me miraba desde el hall, la camisa celeste remangada, una sonrisa pícara en el rostro perfecto.

"Mamá, ¿qué hacés acá?, no te esperaba." La voz de Pedro interrumpió mi comportamiento torpe y la recibí con enorme alivio. Se acercó y me tocó un brazo mojado, sin darme un beso, despeinado, descalzo y en pijamas. "Veo que ya conociste a Stephan, no me deja dormir con su música," bromeó mientras abría la heladera a oscuras. "Nada interesante que comer, mejor me vuelvo a la cama." Y se fue dejándome otra vez a solas con quien yo temía quedarme.

No era su aspecto aparentemente inofensivo y casi infantil que me asustaba, sino yo misma, mis emociones y deseos que habían surgido tan de golpe y que no sabía cómo controlar. Fue en ese momento, parada en una cocina casi a oscuras, cuando Stephan me miró con curiosidad e interés y yo creí que mi temblor era evidente, que me vi como nunca lo había hecho antes. No fue mi apariencia absurda con mis ropas mojadas lo que me obligó a mirarme, sino algo diferente, una repentina desunión entre lo que sabía que era y lo que vivía en mí pero que no conocía. Por ese breve instante mi mente logró alejarse de mi cuerpo y me observé. Vi una matrioska. Yo era como una de esas muñecas rusas, una metida en la otra, la más pequeña escondida bajo las otras, las más recientes ocultando a las jóvenes, las que quedan atrapadas para siempre y a la merced de las más grandes que tienen el poder de dejarlas salir o enmudecerlas para siempre. En ese instante, mi matrioska joven peleaba por salir, la caparazón de la mujer adulta, la esposa abandonada, la madre, la mujer que aprendió a hacer negocios, forzándola a quedar

quieta, inactiva, dormida para siempre. Con la excusa
de que era muy tarde escapé hacia mi dormitorio donde
tranqué la puerta, un símbolo de mi necesidad de
ocultar y controlar mis intolerables emociones.

Evité a Stephan por varios días. Sabía que aún era
nuestro huésped porque oía su música de noche,
mientras daba vueltas en la cama sin conciliar el sueño,
mi mente y mis deseos enroscados en una lucha que
me agotaba pero no permitía dormir. Mi atracción
hacia él era físicamente dolorosa. Quería acariciarle su
cara, sentir la prominencia de sus pómulos, abrazarlo y
¿para qué engañarme?, tenía un enorme deseo de hacer
el amor con él, más intenso de lo que jamás lo había
sentido por Julián. Me entristecía pensando el ridículo
que haría si él tan siquiera sospechara de mis fantasías.
Me lo imaginaba riéndose de mí, una mujer de 50 años
que deseaba a un hombre menor que su hijo. Por eso
cuando terminé las transacciones por las que había
venido a la ciudad volví a la casa de la playa, mi
refugio, aliviada de haber escapado. La galería, el
contacto con los artistas y los clientes llenaban mis
días y el vacío que ahora sabía existía en mí.

Una semana después de haber vuelto de los
suburbios, Stephan entró a la galería y a mi vida otra
vez. Estaba mostrando unos pasteles a un cliente
cuando lo vi cruzar la calle y acercarse a la puerta.
Con el océano de fondo pensé que era algo más
hermoso que el arte que estaba tratando de vender.
Haciendo un tremendo esfuerzo para no demostrar mi
emoción, pretendí no haberlo visto y él se paseó entre
cuadros y esculturas en forma indiferente. Cuando el
cliente se fue quedamos solos.

"Hola Cecilia," me saludó mientras se acercaba y yo daba varios pasos hacia atrás.

"Qué tal, qué sorpresa, ¿qué te trae por aquí?," una de las matrioskas adultas le preguntó. Su actitud era amigable pero retraída, lo que me daba un gran alivio pero también me entristecía. A pesar de mi ambivalencia, cuando era honesta conmigo misma me decía que tenía una enorme necesidad de que se enamorara de mí. Ser su primer gran amor era una fantasía que me consumía.

"Pedro me dijo dónde podía encontrarte, quería agradecerte por la hospitalidad. Además quería ver la galería, uno de mis hermanos es un artista y mi casa siempre estuvo llena de pinturas." Caminaba, las manos en los bolsillos de sus jeans descoloridos, su mirada evaluando las obras en forma crítica.

"¿Querés un café?," la matrioska con años y experiencia de anfitriona ofreció.

"¿Pedro te contó algo de mí?," me preguntó ignorando el ofrecimiento.

"No, no sé nada de vos," contesté, habiendo olvidado el café.

"Es un hermoso día," siguió como hablando consigo mismo y mirando hacia la playa, el cielo cubierto de nubes oscuras, el viento frío haciendo mover las ramas desnudas de los árboles. "¿Por qué no vamos a caminar por la playa?"

"¿Ahora?," preguntó la matrioska responsable con asombro e incredulidad.

"Vamos," me dijo mientras se ponía su chaqueta de cuero y cubría el rostro con su bufanda de lana gris. Extendió su mano esperando la mía y al sentir su mirada en mí no creí ser capaz de agarrar mi abrigo y mantener el equilibrio al mismo tiempo. Cerré el negocio y nos dirigimos hacia la playa, un hombre abandonando su adolescencia y una mujer volviendo a ella. Caminamos un largo rato en silencio, espantando gaviotas y separados por la distancia prudente que yo me aseguré en establecer.

"Vine a perfeccionar mis estudios de oboe," me contó, "tengo que dar varias audiciones en las próximas semanas. Si todo va bien entraré a Juilliard y de ahí…a conquistar el mundo." Y se rió, ambición y modestia en su voz. Me contó acerca de su amor por la música, de sus primeras lecciones de piano con su madre quien nunca llegó a ser la concertista que todos esperaban porque se casó con su padre, un flautista de renombre y se quedó en Bruselas criando cinco hijos. Lo miraba de reojo mientras trataba de demostrar interés, pero no demasiado. Me sentía nerviosa y excitada, su presencia me estremecía. Caminábamos lentamente por la arena, el viento pegaba mi pelo contra mi cara y gotas de océano nos salpicaban. Él hablaba y confiaba episodios de su vida sin que yo le hubiera preguntado nada. Esperaba que me preguntara acerca de mi edad, mi ex marido, mis hijos. Sin embargo no lo hizo. No parecía tener consciencia de la enorme diferencia de edad y experiencias que nos separaban. Me pregunté si era posible que le resultara atractiva, si estaba tratando de seducirme sin darse cuenta que ya lo había hecho solo por existir, pero me traté de convencer de lo absurdo de esa suposición. Era imposible que una mujer de mi edad, no más atractiva que cualquier otra, le gustara. Eso me brindó cierto alivio. De ser así, yo podría mantener mi atracción escondida y protegida. Al mismo tiempo, mi vanidad me empujaba a necesitar que le gustara y que me deseara. Pasamos así un largo rato, caminando por una playa desierta, rodeados por la neblina y una humedad fría que atravesaba la piel. Pasaban segundos durante los cuales él hablaba y yo no sabía qué me estaba diciendo, mi mente desequilibrada por el tumulto de dudas y temores, deseos y fantasías, más concentrada en mí que en él. Seguí avanzando como una autómata, sin notar que él se había detenido.

"¿Y vos qué querés de la vida?," me preguntó, fijando su mirada en mí.

"No sé," vacilé, "no sé," repetí mientras él me miraba esperando una respuesta. Proseguimos nuestra marcha en silencio. Estábamos acercándonos al faro, la zona era muy rocosa y las olas rompían con gran fuerza. Lentamente nos alejamos de la orilla y volvimos hacia la vereda. En ese momento sentí una enorme tristeza. Un gran dolor llenó mi cuerpo y sentí necesidad a llorar. Quería decirle que no quería que esa caminata terminara nunca, que había vivido un momento de tal belleza que hubiera querido parar el tiempo, que sabía que nunca más podría repetir las últimas horas que pasamos juntos y que me sentía perdida.

"¿Sos feliz?," me preguntó mientras agarraba mi mano y su mirada penetraba en la mía.

"Sí, claro," respondí sin pensar.

"Algún día voy a componer una sonata para vos," me dijo mientras no soltaba mi mano y yo creí que mis piernas ya no eran capaces de sostener el peso de mi cuerpo y caería a sus pies, enamorada de su voz, de sus ojos, de su juventud.

Volvimos a la galería sin hablar, él no había soltado mi mano y yo lo había dejado. Parados frente a la puerta a medio abrir, se inclinó lentamente y me besó levemente sobre la mejilla. "Te paso a buscar a las diez, cuando cierres la galería," sonrió y se alejó soltando mi mano sólo cuando la distancia entre los dos lo hizo necesario. Lo miré irse caminando por la calle de piedras, su figura desapareciendo entre los peatones que comenzaban a emerger de sus refugios aprovechando de la inesperada salida del sol.

Una vez dentro de la galería, protegida detrás de sus paredes colgué el cartel "Cerrado". No quería que nadie ni nada me interrumpiera. Necesitaba conservar la sensación de tener a Stephan cerca mío, sentir su presencia a mi lado. No quería que visitantes la hicieran desaparecer al quebrar el embrujo bajo el que me encontraba. Sentada al borde de mi escritorio, una taza de té caliente entre mis manos heladas, sentí entusiamo y miedo. Reía y tiritaba. Mi matrioska racional y adulta me criticaba y aconsejaba tratando de hacerme ver y entender lo albsurdo de una liaison con alguien que en otras épocas podía haber sido mi nieto. Esa situación altamente hipotética me hizo sonreír. Pero la sonrisa desapareció cuando me pregunté si tenía las fuerzas de mirarme al espejo y saberme enamorada y de salir a la sociedad abrazada a un hombre treinta años más joven que yo. Sin embargo existía en mí una joven apasionada que había sido aprisionada por una caparazón rígida y forzada, la creada por el raciocinio y opresión de matrioskas adultas, sus enemigas implacables. Permanecí a solas por el resto del día, fuerzas opuestas luchando por mi vida.

Aún sin saber qué camino iba a tomar, vi llegar a Stephan, un ramo de flores silvestres en su mano. Pero esta vez mi cuerpo actuó antes que mi mente y tomé sus manos en las mías. Caminamos hasta un pequeño restorán donde a través de una mesa cubierta por un mantel a cuadros rojos y blancos y una botella de vino rojo nos contamos episodios de nuestras vidas, nos reímos y observamos, acariciamos con la mirada y gozamos del silencio y la intimidad. Volvimos a la galería donde rodeados por arte e iluminados por los colores de las pinturas y la luna de un día frío de invierno hicimos el amor. Reí cuando me deshice de las matrioskas adultas y dejé en libertad a la joven que una vez había creído desaparecida. Lo acaricié, enamorada y resuelta a disfrutar de estos momentos aunque no sabía cuánto iban a durar y con qué obstáculos me iba a encontrar.

Varios días después recibí la primera en una serie de llamadas telefónicas que amenazaron la estabilidad precaria que había logrado conmigo misma. "Bueno, bueno, bueno," la voz chispeante y risueña de Casandra me dijo a modo de introducción, "con razón nunca te convencieron los candidatos que te presenté. Ahora entiendo…¿queríamos otro nivel de hormonas, eh?"

"No, no es eso," me defendí, sin tener el coraje de decirle que no quería hablar del asunto.

"¿Qué es entonces?," insistió, "¿un repentino interés en la historia del oboe?"

"¿Cómo te enteraste?," atiné a preguntar.

"¡Pero mujer! no hay mucha gente que en este momento no se haya cruzado con la parejita enamorada. Además, sabés cómo son los chismes jugosos...todo el mundo está hablando de vos y el prodigio musical," rió gozando intensamente mientras que mis matrioskas adultas comenzaban a renacer con una fuerza e impulsos que me asustaban.

"Casandra...no es justo," me animé a decirle.

"Pero no tonta, ¿no te das cuenta que estoy contentísima por vos? En buena hora y que lo disfrutes, que dicho sea de paso estoy segura lo harás," y rió a grandes carcajadas.

"¿Qué dice la gente Cassi?," le pregunté arrepentiéndome de inmediato por haberme permitido tal preocupación.

"Y ¿qué caramba te importa tal cosa?," me rezongó, "vos disfrutá de tu pequeño Mozart y haceme un lugarcito en tu calendario para almorzar conmigo y contarme detalles. Acordate que tu amiga batió records de diferencia de edad, pero no en la dirección en que vos fuiste. ¡Chau, llamame pronto!"

Cuando colgué me vi forzada a salir de la burbuja que había creado a mi alrededor en los últimos días. Culpé a la sociedad por haberme pinchado esa frágil cobertura y ahora no iba a tener otra alternativa que enfrentarla. No sabía si tendría lo que se necesita para esa lucha. Decidí no contarle a Stephan de esta llamada ni de los rumores que obviamente habían empezado a circular; hacerlo implicaba tener que confiarle mis dudas y temores acerca de la viabilidad de nuestra relación y creí que hablar de esos temas lo alejaría de mí. Cuando estaba con él me dejaba llevar por una pasión y un entusiasmo que me embriagaban, pero ya no fui capaz de sentir la indiferencia por lo que nos rodeaba que había sentido hasta la llamada de Casandra. Ahora miraba a mi alrededor buscando miradas críticas, sonrisas burlonas. Creí ver conocidos cuando no los había, creí que otros hablaban de mí cuando en realidad nadie nos prestaba atención. Él no parecía haber notado mi tensión y el comienzo de esas sospechas hacia todos los que nos rodeaban. Pero si yo creí que la llamada de Casandra había alterado mi frágil estabilidad me equivoqué. Poco sabía yo del ataque que recibiría de los que creí me querían y deseaban mi felicidad, sobre todo mis hijos.

Las críticas que recibí de Julián ni siquiera las había esperado. La suya fue la llamada siguiente a la de Casandra. Dejé sonar el teléfono varias veces, estaba hablando con un artista que parecía tener un buen futuro, Stephan se había ido a la ciudad a un ensayo y me sentía en relativa calma. Aunque mis preocupaciones no habían desaparecido, en ese momento no me estaban acechando como lo habían hecho hasta dos días atrás. Decidí dejar que el contestador recibiera el mensaje, pero al reconocer la voz de Julián recogí el tubo. Su urgencia y tono de voz me obligaron a hacerlo temiendo hacer el ridículo frente a la persona con quien estaba tratando de finalizar un negocio.

"¡¿Qué te pensás que estás haciendo?! ¡¿Te volviste loca?! ¡Estás haciendo el ridículo! ¡No podía creerlo cuando me enteré!" Su ataque no fue precedido por un saludo. Sin introducción, al escuchar mi voz dio rienda suelta a su diatriba sin que yo pudiera introyectar una palabra. "¡Sabía que nunca tuviste demasiado sentido común, pero esto es demasiado!," prosiguió enfurecido.

El artista, que escuchó sus primeras palabras antes de que quedaran ocultas detrás del tubo, se retiró hacia el frente de la galería en forma discreta. Mi cara debe haber denotado enorme sorpresa porque desde la puerta me dijo, "Vuelvo en un rato Cecilia, me tomaré un café mientras usted atiende otros asuntos," y se fue, por lo que le estuve agradecida. Ser atacada y criticada de tal manera por mi ex marido con el que no había hablado en diez años me resultó doloroso, ofensivo e infuriante. ¿Cómo se atrevía él a criticarme luego de haberme engañado y dejado por una mujer veinte años menor que él? ¿ Él, que ahora con cincuenta y cinco años tenía un hijo escolar? Pensaba todo esto mientras él seguía su afronta.

Di un suspiro para darme coraje y lo interrumpí. "Buen día Julián, qué sorpresa escuchar tu voz después de tantos años." El tono conciliatorio y burlón salió de mí sin proponérmelo. Traté de mantener la calma. Necesitaba hacerle creer que era indiferente a sus palabras. "Si me llamaste para insultarme te agradecería que cortes, no necesito tus críticas ni insultos." Sentí que mi garganta se cerraba sobrellevada por los nervios y estaba a punto de llorar, pero no iba a darle el placer de oírme derrotada y humillada por su ataque. Mi tono calmo, aunque forzado, pareció haber tenido buen resultado, porque lo oí dar un respiro y controlarse.

Prosiguió pero ahora sin gritar. "Cecilia, entendé que no quiero que hagas el ridículo."

"Y ¿qué te importa a vos lo que yo haga o deje de hacer?," le dije ahora enojada.

"Tenemos hijos en común, ¿te olvidaste?," preguntó con lo que yo interpreté como sarcasmo. "¿De qué estás hablando? Pedro y Beatriz son adultos, ¡por favor Julián, eso es absurdo!"

No podía creer su atrevimiento, menos aún podía entender por qué le seguía la conversación que me estaba enfermando. Por fin tomé coraje para decirle, "Julián, vos y yo no tenemos nada de qué hablar, es mi vida y no tenés por qué entrometerte," y antes de que pudiera contestarme colgué.

Estaba cubierta por un sudor frío y tenía terribles náuseas, esa llamada inesperada y abiertamente hostil me agotó. Por suerte la galería estaba vacía, tranqué la puerta y me fui a la trastienda a tratar de recuperarme. El teléfono siguió sonando, pero antes de escuchar su voz otra vez lo desconecté. Me pregunté si existía en mí la entereza, seguridad y determinación necesarias para enfrentar a una sociedad que no iba a ser bondadosa conmigo. Al recordar las palabras de Julián mis dudas acerca de mi futuro con Stephan emergieron con más fuerzas y me senté a llorar.

Stephan regresó esa noche, su rostro iluminado por el entusiasmo y orgullo. Había sido elegido como uno de los finalistas en el concurso que de ganarlo le ofrecía la oportunidad de estudiar en el conservatorio que él deseaba. Sentí una enorme alegría, pero también una gran soledad. La felicidad que tenía cuando estábamos juntos se estaba desvaneciendo. Presentía el final de una relación que recién había empezado. Esa noche mi tensión fue evidente, pero no pude decirle a Stephan la razón; temí que se reiría de mi por permitir que mi ex marido me criticara y lo que es más, pensé que haría el ridículo si le confiara mis dudas acerca de la viabilidad de nuestra relación. ¿Acaso creía de veras que tendría un noviazgo con un hombre menor que mi hijo? ¿Qué futuro tendría o tendríamos? obsesionaba. La situación era absurda.

Mis matrioskas severas, las aliadas de la sociedad cerraban sus tentáculos alrededor de esa matrioska joven y llena de vida que luchaba por sobrevivir.

Una semana transcurrió sin que nadie me llamara lo que creí era una tregua. Sin embargo recibí una carta de mis padres. En forma característica de lo que siempre había sido nuestra relación, en lugar de enfrentarnos y hablar de lo que ellos creían era necesario, lo hicieron por escrito poniendo así una distancia prudencial entre ambos. "Querida Cecilia," empecé a leer, "Como tú bien sabes siempre hemos deseado tu felicidad, pero debemos hacerte saber que nos ha provocado gran dolor y congoja por ti el saberte involucrada en una relación que te causará sólo dolor y arrepentimiento. Además una mujer de tu edad que se respete…" Llegué hasta esa frase y no pude leer más. Rompí la hoja en trizas y la tiré a la basura. Necesitaba pretender que no había leído nada.

El sábado llegué temprano a la galería, iba a trabajar por un par de horas antes de abrir. Estaba concentrada en la revisión de algunos folletos cuando oí que alguien golpeaba a la puerta. Miré y vi una mujer joven y atractiva y por un momento no la reconocí. Era Beatriz, mi hija a quien no había visto en tres años. Su llegada totalmente inesperada me llenó de alegría. A pesar de que nunca habíamos tenido la cercanía que yo hubiera deseado, su presencia me alegró y forzó a concentrar en algo más que las preocupaciones que no podía ahuyentar. Beatriz era una hermosa mujer de 26 años; capaz, ambiciosa y segura de sí misma era la imagen de una mujer que no le teme a nada. La observaba con admiración cuando vi el anillo en su dedo anular.

"¿Y eso qué significa?," le pregunté sabiendo lo que era.

"Níccolo y yo nos casamos hace una semana en París, pero decidimos hacer un encore acá así lo conoce la familia," me informó.

Me llevó algunos segundos pararme y abrazarla, ella no había hecho ademán alguno y resentí ser informada de tal evento después de los hechos. Existía en mí la madre que había soñado con planear una boda junto a su hija. Ahora eso ya no sería posible. Luego de informarme dónde y cuándo tendría lugar la fiesta donde conocería a mi yerno, se dirigió hacia la salida indiferente a lo que yo había creado. Desde la puerta entreabierta y como al pasar agregó, "Ah, otra cosa mamá, por favor no te aparezcas con tu novio, preferiría que lo mantengas alejado de Níccolo y yo. Es un deshonor para las familias, te transformaste en el hazmerreír de la sociedad." Y sin esperar respuesta se fue.

Yo ni siquiera sabía que ella se había enterado de mi relación con Stephan. Su rechazo y su falta de curiosidad y empatía por mi vida me resultaron más dolorosas que los comentarios de Julián. Llamé a Casandra, por lo menos ella no me criticaba y necesitaba confiar en alguien. Decidimos almorzar en la ciudad junto con otras amigas que hacía tiempo no veía y que creí no sabían de mi relación con Stephan. Pero me equivoqué. Ellas también estaban al tanto de lo que estaba transcurriendo en mi vida y sin ningún escrúpulo enfocaron la conversación en mí. Sin quererlo me transformé en el tema del que todas tenían una opinión. Las voces, altas e indiferentes a la presencia de otros clientes, discutían animadamente las restricciones impuestas en la mujer por una sociedad machista, las ventajas de tener un amante joven, las desventajas de un amor fugaz y lo que yo debía o no debía hacer. Ni esperaba ni quería consejos y resentía que discutieran mi vida con total libertad, pero absorbí sus opiniones pasivamente. Cuando al fin terminó el almuerzo durante el cual perdí el apetito, decliné sus invitaciones para ir de compras y seguir la charla que las entretenía e interesaba y decidí volver a mi casa, ir a caminar por la playa, pensar y tratar de recobrar la calma.

La galería me brindaba una paz que no lograba en otros lugares. Era algo que me pertenecía y que yo había construido, el único lugar donde me sentía capaz de hacer decisiones sin tener que escuchar los consejos y opiniones de otros. Me pregunté qué esperaba de mi relación con Stephan. A pesar del gran amor que sentía por él, no albergaba fantasías de un noviazgo y matrimonio. No quería nada más que vivir ese amor por el tiempo que durara, un oasis en mi vida. Me enfurecía que aquellos que dijeron que querían mi felicidad y de los que esperaba apoyo ahora cuando por primera vez en diez años había logrado enamorarme, eran ahora mis enemigos. Era criticada, acusada y excluida de su círculo. Una paria. Los comentarios, las críticas, los consejos me acosaban y no lograba erradicarlos, pero, la ira que me producían en lugar de abatirme gradualmente me fortaleció. Me enorgullecí al sentir que había recobrado las fuerzas en lugar de caer vencida por los ataques. Llamé a Stephan y lo invité a la fiesta con motivo del casamiento de Beatriz. Decidí que iría con él o no iría.

Las dos semanas que precedieron a la fiesta estuve poseída por una intensa turbulencia interior que enmascaré con una fachada de control y seguridad en mí misma. A la felicidad que tenía por las noches con Stephan le seguían días donde la ansiedad amenazaba mi decisión de enfrentar a la familia y amigos con mi amante, símbolo de mi libertad. Nunca compartí mis dudas con Stephan, él parecía gozar de una paz y seguridad que no quería amenazar. Además, no quería mostrarle esa parte de mí que me avergonzaba y temía que todo lo que no fuera un estado de pasión, entusiasmo o seguridad en mí misma, lo alejaría de mí.

El día de la fiesta Stephan y yo llegamos a la casa de los amigos de Beatriz donde se haría la recepción, sonrientes y tomados de la mano. Pedro nos enfrentó a la entrada "Hola mamá, creí que Beatriz había hablado contigo," me dijo ignorando a Stephan.

"Sí, lo hizo, pero yo hago mis propias decisiones," le contesté en voz baja mientras parientes y conocidos que no veía hacía años nos miraban con curiosidad y obviamente hacían un esfuerzo para parecer cordiales y disimular su desprecio y desaprobación.

"¿Qué le pasa a Pedro?," preguntó Stephan luego de notar el trato distante de quien creyó su amigo.

"No es nada," mentí, con la esperanza de que ese fuera el único problema que enfrentaría esa noche. Tomé su brazo con orgullo y nos acercamos a un grupo de gente que no conocía, probablemente invitados de Níccolo. No podía titubear ni mostrar debilidad alguna. Si lograba mantener a mis matrioskas adultas y severas bajo control, podría enfrentar a la sociedad. Nos mezclamos con decenas de personas con las que mantuvimos conversaciones superficiales e intrascendentes, por lo que estuve agradecida. Estaba concentrada en la charla cuando de reojo vi llegar a Julián, envejecido y con aspecto cansado, un niño agarrado de su mano, otro en sus brazos y otro claramente creciendo en el vientre distendido de Sophia. Tal carcajada brotó de mis adentros que interrumpió el diálogo y Stephan sorprendido me preguntó en voz baja, "¿De qué te reís?" Yo supe que él no entendería la ironía de la situación que me resultó cómica. "Nada, nada. Vi a un viejo conocido," le contesté sabiendo que no iba a entrar en más detalles.

En ese momento música y aplausos le dieron la bienvenida a los novios, Beatriz deslumbrante en un vestido de gaza color marfil, sonreía radiante bajo la mirada admiradora de Níccolo. Observé con interés a mi yerno, atractivo y elegante, su pelo y barba renegridos le daban un aspecto majestuoso. Noté que Beatriz me vió y de golpe dejó de sonreír, su mirada fría y dura. Varios instantes después, finjiendo una sonrisa hacia los que la saludaban y abrazaban interceptando su camino se acercó a nosotros. Antes de que ella pudiera decir nada extendí mis brazos y la cerqué con ellos, la imagen perfecta de madre e hija. Ella me alejó con los suyos y sin mirar a Stephan que estaba a su lado y la miraba con incredulidad me dijo en voz baja, "Andate, estás haciendo un papelón y no te quiero acá."

En ese momento Níccolo, quien obviamente no estaba al tanto de la situación, vino hacia nosotros sonriendo. "Encantado de conocerla," me dijo con amabilidad, "quiero que conozca a mis hijos," e hizo un ademán en dirección a donde había dos parejas charlando animadamente. No sabía que Níccolo tenía hijos adultos, nos estábamos transformando en una familia altamente no tradicional.

"Mamá se estaba por ir, tiene otras obligaciones," lo interrumpió mi hija. Podía haberme quedado y hecho algún tipo de escándalo, pero Stephan que aunque callado había comprendido lo que estaba ocurriendo, me tomó de la mano y alejó de ellos sin que yo atinara a decir nada. Nos abrimos paso entre el gentío; muchos nos ignoraron, otros nos miraron con desprecio y satisfacción por lo que vieron como mi derrota, la mala mujer que es apedreada por la multitud enfurecida, la pecadora.

Una vez afuera me preguntó "¿Por qué no me dijiste nada?," su voz resonando con dolor y tristeza, "yo podía no haber ido, es tu hija después de todo. ¿Qué querías demostrar?"

"Tengo tanto derecho como ellos a rehacer mi vida," grité, ahora furiosa y herida. "Si mi ex marido se casó con una mujer veinte años menor que él y recién está teniendo hijos y mi hija se casó con un hombre con hijos adultos, ¿por qué yo no tengo derecho a vivir contigo?"

Lloraba y gritaba al mismo tiempo. La ira y el dolor se mezclaban con mi vergüenza por estar haciendo esta escena frente a Stephan. Ahora temía que lo perdería a él también. Sin embargo me abrazó con ternura y volvimos a casa en silencio.

Me concentré en mi trabajo y esforcé para actuar frente a otros con entereza e indiferencia como si no supiera que ellos estaban al tanto de lo que había pasado en mi familia, o ex familia. Por más doloroso que fuera, necesitaba relegar a todos los que fueron una vez mi vida a algún rincón alejado de mi mente donde no pudieran acosarme. Stephan volvió de la ciudad al siguiente fin de semana. Su entusiasmo era evidente. Había sido aceptado en el conservatorio donde estudiaría por varios años. Eso le ofrecería innumerables posibilidades en su futuro. "Imaginate," me decía con entusiasmo, "vamos a poder viajar por todo el mundo." Me sentía feliz y orgullosa por sus logros y me atraía la idea de tener una vida semi nómada con él.

"¿Por qué no te venís a Manhattan conmigo?," me preguntó con fervor. "Podemos alquilar un apartamento juntos." ¿Por qué no? me pregunté, después de todo no tengo obligaciones para con nadie y estoy enamorada de él, soy feliz con él.

"Una hermosa idea," le contesté. "Voy a tratar de alquilar o vender la galería."

Soné convincente, pero sin embargo no estaba tan excitada como creí que lo iba a estar. Ignoré esa sensación y comencé a hacer planes para mudarme. Me dejé llevar por un frenesí de energías y actividades y me esforcé para enfocar mis fantasías y sueños en lo que sería mi vida junto a Stephan. Me imaginaba como la compañera constante de un hombre que sería alguna vez exitoso, famoso y aclamado por multitudes. Yo estaría a su lado, su ancla, su musa. Mi matrioska adolescente deliraba con ilusiones y fantasías. Comencé a contactar artistas que frecuentaban la galería para comunicarles mi decisión. Empecé a vaciar estantes y llenar cajones. Entre los papeles que no había ordenado hacía tiempo, encontré una invitación para ir a Estocolmo. Había sido elegida para integrar un grupo que trabajaría en colaboración con artistas nórdicos para extender el intercambio cultural. Estuve a punto de tirarla como había hecho con tantos otros papeles que contenían información innecesaria. Sin embargo la sostuve en mis manos por varios segundos, considerando las posibilidades que eso me brindaría. Pero, le había hecho una promesa a Stephan y no podía romperla, su vida sería mi vida.

Stephan y yo decidimos alquilar un apartamento. Tomé el tren a la ciudad, mi mente ebullente con los planes de la nueva vida que estaba por emprender. El ruido abrumador, el tráfico incesante, las multitudes yendo en todas direcciones, me llenaron de energías y me sentí parte de ese mundo que me atraía y al mismo tiempo rechazaba. Stephan me estaba esperando sentado en uno de los bancos de piedra a la entrada del conservatorio donde jóvenes como él iban y venían sosteniendo instrumentos de todo tipo y tamaño. Stephan conversaba con otra estudiante, la que se alejó indiferente a mi presencia cuando yo me acerqué a ellos. No pude evitar sentir un brote de celos al ver a esa mujer tan joven y libre hablando con mi amante. Mientras caminábamos por las avenidas y calles vibrantes con el gentío, no podía dejar de pensar en esa joven que contrariamente a mí no tenía un pasado que la había trastornado y una vida anterior que inevitablemente iba a resurgir periódicamente. Exploramos algunos apartamentos, sin ascensor, viejos y ruidosos, la mayoría accesibles a estudiantes que no podían permitirse el lujo de vivir en otros menos decrépitos.

"Si estos no te gustan, pensé que con la plata que saques del alquiler o la venta de la galería podríamos conseguir algo mejor," sugirió al ver mi expresión de obvio rechazo.

"Tal vez esa sea una mejor idea," asentí.

Me imaginé llevando una vida semi bohemia y no estuve segura de que eso fuera lo que quería. Sin embargo volví a la galería y por varias semanas me dediqué a hacer planes para abandonar el negocio y mudarme. Hacía tiempo que no iba a mi casa de Scarsdale, no necesitaba hacerlo, la casera se encargaba de todo lo necesario. Sin embargo, quería visitar la casa que fue una vez el hogar que compartí con mi marido e hijos, la casa donde agazajé a los invitados de Julián, donde era la anfitriona ideal, donde mis deseos y anhelos fueron rechazados y olvidados para concentrarme solamente en las necesidades de otros. Cada habitación me traía recuerdos, lamentablemente no todos buenos. Recordé cuántas veces durante las dos décadas que viví ahí soñé brevemente con tener algo que fuera mío, transformar un sueño en una realidad. En ese entonces esas fantasías eran intolerables y amenazaban la estabilidad familiar. Siempre las rechazaba porque me asustaban y me forcé a creer que no existían y que era completa y absolutamente feliz. Mientras recorría los cuartos y miraba todo lo que me rodeaba, imágenes de mi pasado y mi futuro se sucedían y alternaban en mi mente como en un sueño del que uno quiere hacer sentido. Empecé a tomar consciencia del papel que haría en la vida de Stephan y con gran dolor debí aceptar que me transformaría en su apéndice al igual que lo fui para Julián. Una vez más estaba dispuesta a dejar todo lo que creí era importante y necesario en mi vida por temor a perder mi pareja, o simplemente para hacer feliz a otro hombre. Varias matrioskas rieron satisfechas. Estaba enamorada de Stephan, eso era indudable. Lo amaba con una pasión que estaba por enceguecerme y si lo seguía como estaba a punto de hacerlo iba a transformarme en su sombra y algún día él no me lo iba a perdonar, ni yo tampoco.

Volví al conservatorio y esperé a Stephan sentada sobre uno de los bancos de piedra. Creí que había pasado una eternidad hasta que distinguí su figura, que podía describir de memoria. Traté de disimular mi profunda tristeza y ansiedad.

"Tenemos que hablar Stephan," le dije, y no pude evitar recordar que esas fueron las palabras que usó Julián la noche de mi cumpleaños diez años atrás. Pero contrariamente a mi ex marido yo iba a romper la relación con el hombre que amaba porque comprendí que eso sería lo mejor para los dos. Tenía la obligación de ser honesta con él y conmigo. Lloraba por dentro pero necesitaba controlar las lágrimas, mi matrioska joven llena de deseo por él, enceguecida por un amor que sólo necesitaba la proximidad del otro. Nos abrimos paso entre la gente que caminaba con el paso rápido, la expresión seria y concentrada. Entramos a un café y me miró en silencio, una sonrisa en sus labios esperando mis palabras.

"Stephan," empecé tratando de tomar coraje, "he decidido no dejar la galería...no puedo mudarme contigo," le dije, mis manos alrededor de una taza de café, ajenas al calor que las estaba quemando. Ninguno dijo nada por varios segundos y durante ese tiempo su expresión de incredulidad se transformó en una de comprensión.

Tomó mi mano entre las suyas y me miró con enorme ternura. "¿Sabés?," me dijo con una sonrisa, "esa fue una de las cosas que me gustó de vos, tu amor por el arte, tu dedicación a lo que amás de verdad. Yo entiendo, sé lo que es sentir pasión por algo. Yo no dejaría mi música por nadie." No me preguntó nada, simplemente respetó mi decisión.

"Gracias Stephan," le contesté, ahora dejando que las lágrimas corrieran por mis mejillas.

"Te voy a seguir visitando en la playa," prometió, aunque los dos sabíamos que eso no iba a suceder. Nos despedimos entre el gentío que nos empujaba en direcciones opuestas. Nos abrazamos y sin mirar atrás cruzó la calle entre los autos que se aproximaban a gran velocidad. Lo vi alejarse y reí y lloré ignorando la multitud que pasaba a mi lado y para la cual yo tampoco existía. Varias semanas después me embarqué a Estocolmo.

Florencia,1973

Han pasado cinco años desde que vi a Stephan por última vez. A veces cuando paseo por las callejuelas de Europa o me encuentro frente a una sala de conciertos, su imagen vuelve a mí y me pregunto si él recuerda la promesa que me hizo aquel día de invierno en la playa. Pero eso ya no importa. Ahora sé que aunque él la haya olvidado y nunca exista una música que lleve mi nombre, esas semanas que pasamos juntos y su amor por mí hicieron que finalmente encontrara a la mujer que soy hoy.

Patricia E. Blumenreich

Patricia E. Blumenreich, née Dulman, nació en Montevideo (Uruguay) en 1954. Se graduó de médica en 1980 y emigró a los Estados Unidos en 1981. Especialista en Psiquiatría, ha sido didacta, clínica, y ha publicado trabajos en su disciplina profesional.

Vive en Minnesota con su esposo y tres hijos. *Vidas* es su primera obra de ficción.